朱首彦 讲

《史记》

大智慧 卷

朱首彦 / 著

时代出版传媒股份有限公司
安徽少年儿童出版社

图书在版编目（CIP）数据

朱首彦讲《史记》.大智慧卷/朱首彦著.—合肥：
安徽少年儿童出版社，2021.10（2024.1重印）
ISBN 978-7-5707-1187-1

Ⅰ.①朱… Ⅱ.①朱… Ⅲ.①《史记》-青少年读物
Ⅳ.①K204.2-49

中国版本图书馆CIP数据核字（2021）第175427号

ZHU SHOUYAN JIANG SHIJI DAZHIHUI JUAN
朱首彦讲《史记》·大智慧卷　　　　　　　　　　　　　　朱首彦 / 著

出 版 人：李玲玲	策划统筹：张春艳　何正国	责任编辑：何正国
责任校对：冯劲松	责任印制：郭　玲	装帧设计：乐读文化
插图绘制：钟　健		

出版发行：安徽少年儿童出版社　E-mail:ahse1984@163.com
　　　　　新浪官方微博：http://weibo.com/ahsecbs
　　　　（安徽省合肥市翡翠路1118号出版传媒广场　　邮政编码：230071）
　　　　　出版部电话：（0551）63533536（办公室）　63533533（传真）
　　　　（如发现印装质量问题，影响阅读，请与本社出版部联系调换）

印　　制：阳谷毕升印务有限公司
开　　本：710 mm × 1000 mm　　1/16　　印张：11.75　　字数：160千字
版　　次：2021年10月第1版　　　　　　　　2024年1月第3次印刷

ISBN 978-7-5707-1187-1　　　　　　　　　　　　　　　　　定价：48.80元

版权所有，侵权必究

序 言

学文之人不能不看《诗经》《楚辞》,学史之人则必读《史记》《春秋》。《史记》自问世2100多年来,不知有多少学子为其倾倒。根据不完全统计,研究《史记》的论著在4000篇(部)以上,面对如此丰硕的研究成果,开拓新的领域已然成为时代赋予我们的责任。安徽少年儿童出版社推出的"朱首彦讲《史记》"系列以新的视角,为中小学生奉上一份优质的课外读物,同步素质教育,彰显文化自信,可圈可点,值得一读。在新书出版之际,请我作序,深感荣幸,拜读再三,序略如下:

本套书共4册,分别为《朱首彦讲〈史记〉·大事件卷》《朱首彦讲〈史记〉·大人物卷》《朱首彦讲〈史记〉·大战场卷》和《朱首彦讲〈史记〉·大智慧卷》,共60余万字。

《史记》成书于西汉武帝时期,作者是今陕西韩城人司马迁。《史记》是中国历史上第一部纪传体通史,从黄帝开始到汉武帝结束。《史记》分为本纪、世家、列传、表和书五体,共130篇,52.65万字。与左丘明等史家不同的是,司马迁一改《春秋》记史的行文传统,以生动、洗练的文字,极大地丰富了《史记》的文学成分,使其成为跨越时空的巨著。司马迁体大义精的创作构建,把对历史的撰述从一个狭小的范围引向广阔的社会空间,该系列图书正是把握此核心点并予以发扬延

伸,每册书突出一个主题,依据《史记》记载的时代先后排序,以相对独立又相互联系的历史故事构成,围绕错综复杂的人物关系和发生过的真实事件,采用浅显易懂的文字表述,结合时代新元素和手绘图画,以符合今天少年儿童的阅读习惯。

《朱首彦讲〈史记〉·大事件卷》,内容从西周末年开始,列举幽王亡西周、齐桓公尊王攘夷、楚武王城下之盟、骊姬乱晋、吴越争霸、三家分晋、秦晋之好、合纵连横、荆轲刺秦王、沙丘之变等18个重大的历史事件,讲述了六百余年里跌宕起伏的历史进程,为少儿读者展示了风云际会、波澜壮阔的一段重要历史。

说到中国历史大事件,"鸿门宴"是绕不过的。"鸿门宴"的主人公是项羽和刘邦,陪客是范增、项伯、项庄、张良、樊哙。"鸿门宴"级别不算太高,规模也不是很大,却关系着新生政权的诞生与大一统帝制的延续和发展。项羽主张恢复六国状态,刘邦没有政治资本,只能继续中央集权制,鹿死谁手尚不明确。项羽的妇人之仁和刘邦的老道练达形成鲜明的对比。"鸿门宴"后陈平、韩信弃项归刘,成为建立西汉王朝的核心人物。作者从"鸿门宴"一直讲到刘邦诛杀功臣,一气呵成,颇有心得。

《朱首彦讲〈史记〉·大人物卷》,作者选材很有特色,例如:与母亲"黄泉"相见的郑庄公、食古不化的宋襄公、讳疾忌医的齐桓公、三让高位的赵衰和颇有争议的儿子赵盾、自食其果的战神白起、睚眦必报的范雎、窃符救赵的信陵君、一字千金的吕不韦、死到临头才顿悟的李斯、首鼠两端的韩王信、壮士田横、侠士郭解、霸王项羽、重厚少文的周勃和他的儿子周亚夫、淮南王刘安、不可一世的窦太后以及酷吏张汤等。由于上述人物所处的政治环境、社会地位和生活圈大不相同,故为人处世迥然有别,可谓个个性格鲜明,此书的描述让他们活灵活现,跃然纸上。讳疾忌医至今仍有不可替代的警示意义。而西楚霸王项羽的故事历来是见仁见智,褒贬不一。

《朱首彦讲〈史记〉·大战场卷》主要向中小学生介绍《史记》中记载的重要战争,从灭纣兴周的牧野之战开始,讲述姜太公钓周文王、晋楚争霸与城濮之战、围魏救赵与马陵之战、乐毅伐齐与火牛阵、长平之战……到汉武帝征伐匈奴为止。《史记》一书描写战争的内容超过80篇,仅记载的春秋时期的战争就达400余次,所以孟子称"春秋无义战"。

战争与和平贯穿于迄今为止的人类历史,且延绵不绝。中国古代战争频发,大大小小的战争不计其数。《孙子兵法·始计篇》第一句就开宗明义,强调"兵者,国之大事,死生之地,存亡之道,不可不察也"。我们反对不义之战,但是,由战争催生的军事科学,以及卓有建树的军事理论家,并不影响我们对其进行研究。

在《朱首彦讲〈史记〉·大智慧卷》中,作者列举了管鲍之交、重耳出走、五羖大夫、陶朱公范蠡、鸡鸣狗盗、将相和、毛遂自荐、萧何月下追韩信、叔孙通制礼、张骞通西域等人们熟知的历史典故。

智慧是人类特有的禀赋,然而,智慧大小与地位高低、富贵贫贱无甚联系,冯谖火烧债契是智慧,鸡鸣狗盗何尝不是?范蠡畏惧兔死狗烹、避祸营商是智慧,张骞勇开丝路先河难道不是智慧?还有不显山不露水的小人物牛贩子弦高,在国君郑文公姬踕

去世,秦军千里偷袭郑国的关键时刻,用打算贩卖到东周的12头牛作为牺牲品,冒充郑国的使臣并以劳军的方式面见秦军首领孟明视等三位将军,言语之间巧妙地告诉秦军郑国已经做好了战争防御,迫使秦军不得不放弃袭击郑国的军事行动,将一场危机化险为夷,解救了命悬一线的郑国,毫无疑问也是千古绝唱的大智慧。

  人是历史的主体,推动着社会向前发展。历史是对过去的记录,重温历史故事,唤起后人的记忆,目的是教育世人、启迪后人。《史记》之所以引人入胜,就在于细节之中显现道理、精彩之间散发哲理。历史上具有大智慧的人不在少数,而蔺相如堪称佼佼者。蔺相如的大智慧一方面体现在渑池会上一腔热血、不畏强秦,"完璧归赵";另一方面体现在为了维护国家利益,他可以荣辱不惊地礼让老将廉颇。一出"将相和"则成为弘扬中华美德的典范。

  历史也有故事。对于大多数少年儿童而言,通过故事了解历史更容易接受。讲《史记》首先要还原《史记》本体所载述的历史场景,其次才是阐发真实故事和哲学寓意,而不是随意去编造与戏说。值得一提的是,书中有关"田忌赛马"的内容颇具新意。该部分内容以"规则破坏者"为标题,赛马的规则是同等量级进行比赛,以区分高下,直到今天依然是全世界都在遵循的法则。但是,孙膑用不对等的手段赢得了胜利,他成为不少人争相效仿的智慧代表,包括司马迁在内。现在看来,在法制健全的社会,遵守游戏规则是平等竞争的前提,如果都不遵守规则而选择投机取巧、唯利是图,后果将不堪设想。因为《史记》毕竟是两千多年前的史籍,若将当时的环境放到现在,难免不合适。对此,针对中小学生这一特殊的读者群体,更应该通过正确引导，让他们遵守规则。

我一直认为，一个物化了的东西优劣得当与否，关键在于这东西能否打动人，能否深入人的心灵。安徽少年儿童出版社出版的"朱首彦讲《史记》"系列，作为新时代中小学生读物，旨在培养小读者对中国传统文化的兴趣，其赋能所在，值得阅读。

以上数语，勉为书序。

徐日辉

2021年1月20日 于浙江工商大学

（本文作者系浙江工商大学人文学院教授、硕士生导师，中国《史记》研究会副会长，中央电视台《百家讲坛》主讲人）

欢迎来到你的随身文史博物馆

微信扫描并关注下方二维码，走进你的随身文史博物馆

在这里，你可以学习趣味国学文化知识，参加历史知识竞赛，票选历史风云人物，畅谈读书心得。

◈ **国学大讲堂** 　讲解形象生动，内容活泼有趣，着力拓展读者的文史视野。

◈ **史实竞赛王** 　掌握历史知识，参加知识竞赛，强化读者的理解与记忆。

◈ **人物风云榜** 　横览人物生平，纵观千年历史，等你票选真正的人气王！

◈ **历史面面谈** 　记录读书心得，交流感想体会，在互动中不断提升自己。

◈ **延伸阅读单** 　增加历史积累，提升文化自信，在阅读中丰富人生阅历。

目录

 1 不一样的伯乐

 10 霸主是怎样炼成的

 19 秦穆公的财富

 29 孔子走四方

 39 范蠡的圆满人生

 48 刮目相看小人物

 57 "拼命三郎"蔺相如

 67 刷出你的存在感

 77 回乡,就得风光一点

 85 萧何的眼光

 94 韩信的格局

 103 张良的舍与得

 112 叔孙通：老学究，不简单

 120 如何做丞相

 129 直臣不"二"

 139 张骞的"西行漫记"

 150 卜式的特立独行

 158 太史公其人：用生命写史

160 主要历史人物档案

166 后　记

不一样的伯乐

唐朝的韩愈说:"世有伯乐,然后有千里马。千里马常有,而伯乐不常有。"他认为,伯乐太少,可惜了满大街的人才。伯乐之于人才的重要性,不只是识才,还在荐才、用才。所以,对于伯乐而言,觉悟和胸襟比眼光更重要。

"知我者鲍子也"

管仲的祖先和周王室同宗,他的父亲曾是齐国大夫,可惜后来家道中落,管仲一家生活极为贫困。为了生计,管仲不得不从事当时被认为低贱的商业。没有本钱,他就向好朋友鲍叔牙求助,同样是大夫之子的鲍叔牙痛快地拿出本钱和管仲一起做生意。

管仲做生意并不在行,常常赔钱,鲍叔牙从不责怪他,反而安慰说是运气不佳。等赚钱了,两人分红时,管仲总想多分一些,鲍

本文内容参考《史记·管晏列传》《史记·齐太公世家》《史记·孙子吴起列传》《史记·商君列传》。

叔牙都是任由他处置。

经商不成，管仲便去从军。可是一上战场，他就害怕，常常当逃兵。这在尚武之风盛行的齐国是被人们鄙视的。为此，鲍叔牙还替管仲辩解："他不是胆小，而是家中有老母要赡养，逃跑的他是个大孝子啊。"

之后管仲还做过官，却多次被辞退。眼见做啥啥不成，管仲自己都灰心了。鲍叔牙还在一旁劝他："你这是机遇不好。"

面对这样一个困难时帮助自己、失败时安慰自己、犯错时担待自己的好朋友，管仲万分感激："生养我的是父母，真正了解我的是鲍叔牙啊。"

"鲍叔能知人也"

后来齐襄公无道，鲍叔牙帮助公子小白逃往莒国，管仲帮助公子纠逃往鲁国。公元前686年，齐襄公被杀，齐国大乱。公子小白和公子纠闻讯，都急着回国，希望能取得国君之位。

危急时刻，管仲带人赶到莒国通往齐国的路旁埋伏起来。当公子小白的车队走近，管仲朝公子小白射出一支冷箭，公子小白应声栽倒。管仲见状放了心，追上公子纠，一队人马不慌不忙地赶往齐国。

不料管仲被公子小白骗了。其实他那一箭没有伤到公子小

　　白,而是射中了他腰间的衣带钩。机警的公子小白将计就计倒下装死,骗过了管仲。之后公子小白和鲍叔牙的车队日夜兼程赶回齐国,抢在公子纠前面,顺利取得国君之位。公子小白便是后来鼎鼎大名的齐桓公。

　　六天之后,当公子纠、管仲一行到达鲁国边境时,被齐国部队阻挡,不准他们过境。管仲这才明白,自己被公子小白骗了,后悔不迭的他们只好回头。而这时,齐国使者已经前往鲁国都城向鲁庄公递交了国书,告知齐国现在新君继位,并提出两个要求:一是杀掉公子纠;二是把管仲活着遣送回齐国,交由齐国国君处置。

鲁国君臣不敢得罪齐国，只好杀了公子纠，抓了管仲送回齐国。

遣送管仲回齐，是鲍叔牙的主意。他向齐桓公坦言："我有幸跟从您，帮助您成为国君，后面我就无法再助您取得更大成就。能辅佐您成就王霸之业的，一定是管夷吾（管仲）。有管夷吾在，国家必强。您一定不能错过这个旷世奇才。"

齐桓公对鲍叔牙言听计从，认定这个管仲就是辅国良相。为防止鲁国从中作梗，便假装要将管仲召回齐国处决。鲁庄公不敢怠慢，将管仲装进囚车押回齐国。鲍叔牙亲自到国境线来迎接管仲，帮他除去桎梏，带他面见齐桓公。齐桓公没有计较之前的一箭之仇，当场拜管仲为大夫，请他主持政务。

当齐桓公遇到管仲后，春秋第一霸主诞生了，春秋第一名相诞生了，春秋第一强国诞生了。

管仲相齐41年，成就卓著。鲍叔牙一直心甘情愿地做着他的下属。相比管仲的才干，人们更愿意为伯乐鲍叔牙的知人善任点赞。

公叔痤的小伎俩

几百年后，名将吴起就没有管仲的好运气了。因为他遇上了魏国国相公叔痤。

公叔痤同样有一双识才的慧眼，却没有荐才用才的气量。虽然身为国相,且娶了公主,但他还是害怕西河郡守吴起的功劳和威望超过自己,就想方设法排挤吴起。公叔痤的仆人为他献上了一条离间吴起和魏武侯的奸计。

公叔痤假装忠心为国,跟魏武侯讨论如何留住吴起这个贤臣。他建议用下嫁一位公主的方法来试探吴起是否忠心,是否愿意长期留在魏国。

之后公叔痤邀吴起到家做客,席间故意让自己的妻子也就是公主轻慢自己。目睹此情此景的吴起对公主的霸道蛮横产生了惧怕和厌恶。

当魏武侯向吴起提起婚嫁之事时,吴起自然婉言谢绝。魏武侯因此对吴起有了猜忌。时间一长,吴起害怕再碰上之前在鲁国的冷遇,就主动离开魏国,转投楚国去了。

公叔痤耍了一个小聪明,成功挤走了名将吴起。

多年以后,公叔痤率军战胜韩、赵联军。魏惠王要重赏他100万亩土地,公叔痤却再三推辞。他的理由是,这次胜利有三个因素,一是大王制定的军法严明,二是吴起当年练兵有方,三是手下将领用兵得当,至于自己,并没有什么功劳。这让魏惠王非常感动,立即赏赐吴起后人和几名将领土地,还又加赐公叔痤40万亩土地。

公叔痤当了一回演员,不仅得了140万亩土地,还赚了魏惠王的当众表扬。被他挤走的吴起白白替他当了一回反面教材。

公叔痤的小心思

公叔痤善于识人,他发现自己的侍从公孙鞅是个非常优秀的年轻人,精通刑名之学,政治才能不在吴起之下。他又高兴又担心,高兴的是自己竟然网罗了这样的英才,担心的是此人如果有了机会一定会超越自己。面对人才,公叔痤的态度向来都是:发现就好,暂时留存;一旦成名,送走了之。

吴起当时风头正劲,所以要请他这尊大神离开。而公孙鞅目前还是无人知晓的小人物,那就暂时留着为我所用吧。

公叔痤年纪大了,得了重病,魏惠王上门探望。见他病情严重,魏惠王便问:"倘若你有不测,国家将怎么办?"

公叔痤早就料到大王一定会来问他的接班人问题,于是他决定把自己雪藏多年的人才公孙鞅献出来。他的算盘打得很精明,既为国家举荐了一个治国良才,又在大王面前赚个鞠躬尽瘁的好印象。

公叔痤从床上坐起身,郑重地向魏惠王禀告:"臣的中庶子(侍从)公孙鞅虽然年轻,却是奇才,希望大王能把国政全部交给他去治理。"

魏惠王愣愣地看了看公叔痤,没有接这个话茬儿,然后开始东扯西拉。

公叔痤觉得奇怪,没想到今天的表现没能引起大王的注意。眼见大王起身要走,还不提公孙鞅一事,公叔痤急了,一抬手屏退左右随从,压低声音:"大王假如不用公孙鞅,就一定要杀掉他,千万不要让他走出魏国,为别国所用!"魏惠王又是愣愣地看了看他,口里应承着:"哦。"

目送魏惠王出门,公叔痤翻来覆去回想自己今天的表现,不知道自己哪句话说错了,竟然让公孙鞅这张好牌打空了。虽然魏惠王不用公孙鞅,但是公叔痤实在不甘心枉费自己这么多年对公孙鞅的培养,他就算是打水漂也要在公孙鞅身上听到一点声响。于是他召来公孙鞅,非常抱歉地讲述了刚才魏惠王来找他的情形。当然从他口里说出的是:"大王向我询问国相人选,我推荐了你,但是大王没同意。为了突出你的作用,我故意劝大王,如果不用你,就要杀掉你。结果大王答应了。时间紧迫,你赶紧逃命去吧。"

公孙鞅盯着公叔痤看了半天,慢慢地说:"大王既然不听您的话任用我,又怎么会听您的话要杀掉我呢?"

公叔痤摸摸自己的额头,一脸茫然:"是不是我病糊涂了?为什么今天我说的话,他们都不当回事儿?"

而在回宫的途中,魏惠王对身边人说:"看来公叔痤病得不轻啊。他居然要我把国政全部交给一个名不见经传的侍从,我从来没听说过这个叫什么鞅的。一个国相糊涂到这个地步,真叫人唏嘘啊。"

公叔痤错就错在没有任何铺垫的情况下,冷不丁打出公孙鞅这张牌——一个毫无建树的年轻人。魏惠王正在为国事而发愁,公叔痤此举只能让他觉得这老头是脑子烧坏了。公叔痤为什么会聪明一世,糊涂一时呢?就是他一贯的利己私心在作祟。他识得公孙鞅的大才,但是他不愿让公孙鞅施展才干,超过自己。如果不是病入膏肓,公叔痤绝对不会举荐公孙鞅。

由于长期被雪藏,公孙鞅的才干无处施展。魏惠王当然不相信公叔痤的话,对他煞有介事的警告,更觉得是故弄玄虚了。

魏惠王当然没有派人杀死公孙鞅,公孙鞅也没有立即从魏国逃走。

公叔痤死后,公孙鞅听说秦孝公在四处招贤纳士,便西入秦国,得到秦孝公赏识,最终实施变法,使秦国走向强盛。公孙鞅因功受封商地,于是人们又称作他商鞅。

脑洞大开

"管鲍之交"千古闻名,两人友谊最感人的地方,是鲍叔牙终其一生都在识管仲之才,荐管仲之才。如果没有鲍叔牙,管仲的人生关键词只能是奸商、小气鬼、逃兵云云。因为鲍叔牙倾力推荐,管仲得遇贵人姜小白,成就春秋前期齐国的一段政治传奇。在这部历史大剧里,管仲是主角,但鲍叔牙不是配角,而是导演和制片人。

公叔痤,人如其名,如同魏国政坛的一处痤疮,虽不起眼,久而久之却酿成大患,伤及肌体。他挤走了魏国历史上最杰出的将军吴起,又将一个可以使魏国强者恒强的政治牛人公孙鞅捏在手心耗成了弃子,最终便宜了秦国。公叔痤有识人之智,却无容人之量。在他这个极端利己主义者眼里,对自己有用的或许是人才,比自己优秀的一定是对手,一定要让其消失。这样的伯乐,对于千里马来说不是幸运,而是灾难;对于国家来说,也是必须尽快清除的毒瘤。

成语典故

管鲍之交:管,管仲。鲍,鲍叔牙。二人都是春秋时期齐国人,两人相知,友谊深厚。比喻友情深厚的朋友。

霸主是怎样炼成的

没有人天生就是大咖。如同钢刀淬火,每一段功业背后都有一个千锤百炼的艰难历程,比如晋文公重耳。

有困难,去姥姥家

晋国第十九任国君晋献公共有五个儿子,重耳是他的次子。相比太子申生、公子夷吾,最初重耳并不显得特别突出。

重耳二十五岁那年,父亲打败骊戎,得了一对美女骊姬和少姬。重耳原本安逸的命运因为她们的出现而发生改变。

骊姬和少姬得到晋献公的宠幸,各生下一个儿子奚齐和卓子。因为骊姬,晋献公打算改立年幼的奚齐为太子,便找个理由命太子申生守曲沃、公子重耳守蒲城、公子夷吾守屈城。太子离得远了,骊姬又在身边制造谣言,晋献公越发迁怒太子。对于父亲的猜忌,太子申生既不解释,也不逃跑,而是以自杀来表明自己的愚孝。

本文内容参考《史记·晋世家》《史记·楚世家》。

骊姬继续造谣诋毁重耳和夷吾两位公子,晋献公因此派兵攻打重耳所在的蒲城、夷吾所在的屈城。慌乱中,43岁的重耳爬墙逃往翟(也有写作狄)国,跟随他的有赵衰(cuī)、狐偃、贾佗、先轸、魏犨(chōu)……他们陪伴重耳开始了长达19年的流亡。而夷吾后来逃往了梁国。

翟国是重耳母亲的祖国,所以他在那里受到礼遇,又娶了一个妻子。

五年后,晋献公去世,奚齐继位。幼主不能服众,被近臣杀死,更年幼的公子卓子被拥立。一个月后,卓子同样被杀。

面对混乱的政局,有人提出,到翟国迎接公子重耳回国。没想到,重耳谢绝了来使的好意:"我是违背父亲的命令逃走的,怎么敢回国即位呢?"此时的他既害怕回国死于政治斗争,也不敢回国接手这样一个烂摊子。

使者前往梁国找重耳的弟弟夷吾,使者表达来意后,夷吾满口答应,并以河西之地为条件得到秦国大军护送,高调回国即位,他便是晋惠公。

夷吾上台后不仅没有兑现与秦国的承诺,并且乱杀大臣,轻视周天子的使臣,这些做法使得他的个人形象大打折扣,人们私下都拿他和他的哥哥、客居翟国的公子重耳进行比较。这让夷吾起了杀心,就派刺客前往翟国刺杀重耳。重耳通过相关渠道得知消息,与手下商量:惹不起,躲得起。于是,一行人离开了已经居住12年的翟国,继续流亡。

你不走，我赶你走

并非所有的国君都是笑脸相迎。在卫国，重耳就遭遇了卫文公的冷脸。此地不是久留之地，他们只得继续东行，前往齐国。

车至五鹿（今河南濮阳），饥肠辘辘的重耳等人向沿途的村民乞讨。一个正在劳作的农夫见他们一副落魄的样子，非常不屑，抓起一把土放到盆钵里递了过来。重耳从来没受过这样的鄙视，正要发作，一旁的赵衰安慰道："土象征着拥有土地，百姓这是向您表示臣服，您应该恭恭敬敬地接受才对呀。"重耳有些不情愿地接过了这份"重礼"。

千辛万苦到了齐国，齐桓公没有让重耳失望，不仅盛情款待，还将同族的一个少女齐姜嫁给他，并送20辆驷马车作为陪嫁。衣食无忧，有妻有家，重耳就想待在齐国过舒心日子了。

可是齐桓公去世后，宫廷内乱，诸侯进犯，齐国显然不太平了。赵衰、狐偃等人觉得齐国已成是非之地，必须马上离开。但重耳已心生倦意，不想再过流亡的生活，便说："人活着就是为了安逸享乐，管其他的事干吗？我一定要待在齐国，哪儿也不去。"

妻子齐姜深明大义，劝道："您是一国公子，走投无路才到这里，您这些随从把您当作他们的生命。您如果不赶紧离开，报答臣子们的忠心，我都为您感到羞耻。倘若您现在还不奋发有为，什么时候才能成功啊？"

深陷温柔乡的重耳听不进忠言。齐姜夫人只得找赵衰、狐偃等人设计灌醉丈夫,用车载着他离开了齐国。车从临淄走出了很远,重耳才从酒醉中缓缓醒来。得知真相后,他勃然大怒,抓起车上的长戈就要杀舅舅狐偃。狐偃并不躲闪:"如果杀了我就能成就您的功业,我宁愿去死。"重耳无奈地放下长戈,恨恨地说:"如果事情不成功,我就要吃你的肉。"狐偃微微一笑:"事情不成功,那我的肉便又腥又臊,怎么舍得给您吃呢?"重耳不再说话,重新上路的他只想知道,自己的流亡之路还有多远。

在路上,阅国无数

在曹国,重耳遇到了一件非常尴尬的事情。

曹共公是个喜欢八卦的人。他听说重耳的肋骨和普通人不同,像一块紧密相连的板子,竟然趁重耳洗澡时带人在室外偷窥。堂堂国君竟干出如此龌龊之事,连他的大臣都看不下去了,纷纷指责他。重耳一行赶紧离开了曹国。

在宋国,重耳受到宋襄公的款待。但是宋襄公刚刚在泓水被楚国打败,无力为重耳提供帮助。他们还得接着上路。

在郑国,郑文公没有按照应有的礼数接待重耳。有臣子劝谏郑文公要善待重耳一行,得到的回答是:"从诸侯国逃出来的公子经过我国的太多了,如果都按礼仪接待,我们忙得过来吗?"于是,重耳等人匆匆离开郑国。

下一站是楚国,楚成王以接待诸侯的礼仪迎接重耳,这让他受宠若惊,不敢接受。赵衰劝道:"咱们流亡十多年了,连小国都轻视您,更何况大国?今天楚国这样的大国如此厚待您,您就不要辞让,因为这是上天要让您兴起。"

在楚成王的欢迎宴会上,重耳十分谦恭。

楚成王问:"将来您回国后,用什么来报答我?"

重耳回答:"珍禽异兽,珠玉绸绢,这些您都富富有余,我真不知道用什么礼物来报答。"

楚成王听出他话里有话,便问道:"尽管如此,那究竟该用什么报答我呢?"

重耳缓缓说道:"假使将来不得已,晋国与楚国的军队兵戎相见,我会让晋国军队为大王您退避三舍(一舍是30里,三舍即90里)。"经过多年历练,此时的重耳老练沉稳,不卑不亢,言谈举止充满了政治智慧。

楚国大将子玉听说此事,觉得重耳出言不逊,请求楚成王杀了重耳。楚成王却慧眼识英雄,他认定重耳是上天留给晋国的明君,并没有为难他。

这时晋惠公病重,在秦国做质子(古代派往敌方或他国的人质,多为王子或世子等出身于贵族的人)的公子圉竟然不辞而别,逃回晋国,这让秦穆公极为恼火。听说重耳在楚国流亡,便派人邀请他前往秦国。在重耳离开楚国之际,楚成王赠送了他许多礼物。

19年后，王者归来

在秦国，秦穆公塞给重耳一份大礼：五个宗室美女。不过中间有一人是公子圉的妻子怀嬴。公子圉为了王位，竟然丢下妻子不顾。现在秦穆公要替女儿的幸福负责，让公子圉的伯伯重耳接纳这个侄媳妇。

一开始，重耳并不接受。他身边的胥臣劝道："接受此女是为了秦晋两国修好，这样您也好早日返回晋国。"经历过许多事情的重耳顿时明白，大是大非面前切不可拘泥小节。于是欣然接受了怀嬴，秦穆公非常高兴。

这时，晋国传来消息，晋惠公，也就是重耳的弟弟夷吾去世，他的儿子圉即位。面对重耳的回国请求，秦穆公派出大军护送重耳回国。

行至黄河岸边，陪同重耳一路流亡的狐偃突然表示："我跟随您周游天下，犯了太多过错，我很清楚。我请求现在离开。"

重耳取出一块精美的璧玉，直接扔进黄河："回到晋国后，如果我不与您同心，就请河伯做证！"他听懂了狐偃的担心和告诫，在黄河之上与大臣们盟誓立约，决不相负。

随后，重耳到达曲沃，接受众臣朝拜，登上国君之位，是为晋文公。那时，他62岁，距离远走他乡整整19年了。

而那个晋怀公，即公子圉见势不妙，逃到高梁，最终被杀。

恩与怨，一战了结

晋文公即位当年，周襄王的弟弟王子带联合翟人攻周，周襄王兵败，向诸侯求救。晋文公当即派兵护送周襄王还都，随后杀死王子带。周襄王大为感动，赐河内（今河南济源）、阳樊（今河南温县）之地给晋国。

此后，晋文公打卫国，攻曹国，在战场上一一清算了当年流亡途中与各国的恩怨。为了解救被楚军围困的宋国，晋文公最终与曾经的恩人楚成王兵戎相见。楚成王看好晋文公，并不想与晋文公交战，无奈大将子玉坚决请令，只好给了他部分军队。

公元前632年初夏，晋楚两国军队驻扎城濮（今山东鄄城）。开战之时，晋国军队果真退兵90里。一方面，这是晋文公在履行当初对楚成王退避三舍的承诺；另一方面，晋军的撤退避开了楚军的锋芒，使楚军产生了骄纵轻敌的情绪。此后晋军抓住战机，分右路、中路、左路三路突破，大败楚军。

之后，晋文公大会诸侯于践土（今河南原阳），周天子派人参加，重耳被推为盟主，晋国称霸。当初那个并不被看好的中年大叔，用了24年时间让所有人刮目相看。

电影《无间道3》当中有句经典台词:"往往都是事情改变人,人改变不了事情。"这就是在说晋文公重耳的故事。

晋国内乱,夷吾、圉这些人都想以一己之力改变大局,但都没有成功,甚至连经历过城濮之战的楚国大将子玉也是如此。

起初并不起眼的公子重耳却是被事情一点一点改变。

流亡途中,他怯懦、喜怒形于色、贪图享乐、不思进取,是刺客的追杀、卫文公的冷脸、农夫的不屑、曹共公的羞辱……催逼着他愈挫愈强。

当然,他的身边还有贤良的大臣和贤惠的妻子,不断影响他、改变他,帮他穿越孤独,战胜自我,逐渐变得老练和强大起来。从承诺"退避三舍"到接受怀嬴夫人,再到黄河盟誓,归国途中的重耳已经蜕变成有胆有识、有勇有谋、能屈能伸的领导者。

43岁仓皇出逃之时,他落魄不堪;62岁曲沃登基之际,他众望所归。19年很长,他周游列国,看清了世道人心;19年很短,他凤凰涅槃,重生出另一个自己。

春秋时期诸侯国的每一个公子都有成为诸侯的可能,但是重耳却成为非一般性的诸侯——霸主。他胜出的资本就是那19年常人难以承受的流亡生涯。苏联作家高尔基说:"苦难也是一所大学。"对于重耳来说,苦难就是一所霸主的训练营。

秦穆公的财富

对于成语"求贤若渴",秦穆公或许是最好的现实注脚。

五张羊皮的买卖

秦穆公的准岳父晋献公准备了白玉、良马送给虞国国君,说是要借道攻打虢(guó)国。虞国大夫百里奚发现有诈,苦苦劝谏,可是智商欠佳的虞国国君不听忠言,结果亡了国。被俘的百里奚得到晋献公的礼遇,但是他宁死不为敌国服务。既然百里奚敬酒不吃,晋献公便罚他做奴隶,跟随公主伯姬出嫁到秦国。

秦穆公对人才的渴求程度比岳父要强烈许多倍,所以当得知新娘子的随从里有虞国名臣百里奚,他的关注点便由公主转向了奴隶。没想到,希望越大,失望也越大。婚礼过后,他在陪嫁奴仆里没有发现百里奚。一问缘由,才知道这家伙在半途逃跑了。迎亲的大臣对跑了一个奴隶不以为意,而秦穆公则派出人员开始在

本文内容参考《史记·秦本纪》《史记·晋世家》。

各国搜寻"奴隶"百里奚。

百里奚真是个人物,很快就在楚国被秦国的探子发现了。

原来,逃跑的百里奚在楚国边境的宛(今河南南阳)被当作奸细抓住。百里奚反应极快,对抓他的楚国人说:"我是虞国人,之前替有钱人家放牛。现在国家灭亡了,只好出来逃难。"年逾

七十的他怎么看也不像奸细,楚国人就把他留下来放牛。出身贫苦的百里奚的确会养牛,时间一长,他成了当地知名的养牛专家。

秦穆公得知百里奚的下落后,就想用重金去楚国赎人。但是又担心楚国起疑心不放这个人才,于是决定不动声色地按市价赎回"奴隶"百里奚。

秦国使者带着五张黑色公羊皮去见楚成王:"我国有个奴隶百里奚犯了法,躲到贵国来了,请让我们把他赎回去治罪。"楚成王不知道百里奚的价值,直接收了羊皮,命人把百里奚押上囚车,交给秦国使者。

秦穆公亲自召见百里奚,向他请教国家大事。百里奚以自己是亡国之臣为由极力推辞,秦穆公回应道:"虞国国君不用您,所以亡了国,这不是您的罪过。"百里奚不好再说什么了。两人畅谈三日,百里奚果然见识不凡,秦穆公不禁为自己的正确选择感到高兴,封百里奚为上卿,帮忙治理国家。

秦穆公用五张公羊皮换来一个治国人才,于是人们都称百里奚为五羖(gǔ,指公羊皮)大夫。不过,请别急着为秦穆公如此划算的生意点赞,因为百里奚还有话说。

百里奚的朋友圈

为感激秦穆公的知遇之恩,百里奚把他拉进了自己的朋友圈:"大王,臣有个朋友叫蹇(jiǎn)叔,他的才能远胜于我,请大王封他为上卿吧。"

的确,如果没有蹇叔,估计百里奚早就死过好几回了。

当初年轻的百里奚流落到铚邑(今安徽淮北临涣镇)沿街乞讨,蹇叔收留了他,二人互为知己。百里奚原本想辅佐齐国国君无知,蹇叔阻止。不久这个篡位的无知被杀,百里奚庆幸自己躲过一劫。之后,百里奚听说周天子的弟弟爱牛,又想去投靠,又是蹇叔加以劝阻。不久这个王子谋反被杀,百里奚再次躲过一劫。而当他前往虞国当官时,没有听从蹇叔的劝告,结果虞国国破,自己被俘。

所以在百里奚眼里,蹇叔如同先知一般,可以预知未来。当自己受到重用之后,便把蹇叔隆重推荐给了秦穆公。

关于秦国的霸业,蹇叔送给秦穆公几句箴言:"毋贪,毋忿,毋急。贪则多失,忿则多难,急则多蹶。"他的意思是告诫秦穆公,在称霸过程中一定要力戒贪图小利、气愤蛮干、急于求成。人们吃亏往往是因为贪图小利;失去理智往往是因为愤怒而冲动;做事失误或失败,往往是因为急于求成,而没有细加筹划。只有打下牢固的基础,才能开创霸业。

秦穆公闻言大喜,重用蹇叔,让他和百里奚共同帮助自己治理国家。

此后,百里奚又向秦穆公推荐了蹇叔的两个儿子西乞术(蹇术,字西乞)、白乙丙(蹇丙,字白乙),自己的儿子孟明视(百里视,字孟明)也来投奔他。这三个年轻人都被任命为将军。

秦穆公用五张羊皮换来一个百里奚，百里奚又引出蹇叔和孟明视、西乞术、白乙丙三名将军，如此裂变般的人才引荐模式，实在是秦穆公的福气，秦国的福气。

敢于认错是一种美德

当明君遇到贤臣，不一定都能擦出胜利的火花，有时也许还会上演翻车的惨剧。秦穆公就是这可怜的少数派之一。

公元前628年，郑文公和晋文公相继去世。对于晋国和郑国，秦穆公是又爱又恨。秦、晋通婚，有了名义上的友好关系，但晋国一直是阻挡秦国东向发展的最大障碍。而弱小的郑国虽然与秦、晋都有联系，但更多是虚与委蛇（yí）。现在两国的君主先后去世，这对秦穆公来说，是一个打破原先三国制衡僵局的绝好机会。

秦穆公得到在郑国的内线的密报，说郑国都城的城防已被控制，秦军如果偷袭，一战可成。灭掉郑国，秦军便可以绕过晋国进取中原，这对秦穆公来说是求之不得的良机，于是他与蹇叔商讨进军计划。

不料蹇叔坚决反对，理由是大军千里奔袭，不但不可能实现偷袭目的，反而会被对方暗算。但是袭郑的诱惑太大，秦穆公没有采纳蹇叔的意见，执意命孟明视、西乞术和白乙丙三人率军东进。

大军开拔之日，百里奚、蹇叔两个老头儿站在队列旁大哭，有板有眼地指出:"如果出师不利,兵败之处必是崤(xiáo)山。"听到如此不吉利的断言,秦穆公非常不爽。

不爽归不爽,但一切都不出蹇叔和百里溪所料。大军行进到滑国(今河南偃师),在此贩牛的郑国商人弦高急中生智,赶着十二头牛来见孟明视,说是奉郑国国君之命前来犒劳秦军。三名秦军将领以为郑国有了准备,便决定放弃袭郑的计划。但是大军出动不能无功而返,于是他们顺手灭掉了更弱小的滑国。

滑国是晋国的附庸,晋国于是在崤山(今河南洛宁北,秦岭东段支脉)设下伏兵,一战击溃回师的秦军。孟明视、西乞术、白乙丙三人被俘。幸亏晋文公的遗孀、秦穆公的女儿怀嬴夫人出面,假意说要把三个败将送回秦国,交由秦穆公处置,三人这才得以活着回国。

等待他们的,是身着白色丧服的秦穆公:"寡人没有听从百里奚和蹇叔的话,以致你们三位兵败受辱。你们有什么罪呢?"他收住眼泪,拉着孟明视、西乞术和白乙丙的手说:"你们接下来所要做的,就是奋发有为,努力雪耻。"

容错是一种涵养

两年后,孟明视、西乞术和白乙丙三将请令再战晋国。没想到晋国一直保持高度警惕,提防秦国复仇。得知秦军出动,晋军先行西征,进入秦国边境,双方在彭衙(今陕西白水县彭衙村)遭遇。崤之战击败秦军的是晋军名将先轸,此次晋军统帅则是先轸之子先且居。孟明视等人复仇心切,但是秦军实力确实不及晋军,因此彭衙之战再度以秦军失败告终。

此次兵败让秦穆公认清了秦军与对手的差距,所以他仍旧没有责怪三将,而是继续厚待他们,鼓励他们知耻而后勇。过了一年,孟明视、西乞术和白乙丙三度攻晋。大军东渡黄河之后,孟明视命人焚毁所有船只,自断后路,以示决心——这或许是最早的破釜沉舟的例子。

哀兵必胜。这一次秦军势如破竹,一举拿下王官(今山西闻喜)、郊邑等地,打得晋国据城防守,不敢出战。秦军随即自茅津南渡黄河,进抵崤山。秦穆公亲至崤山现场,命人为三年前崤山之战牺牲的将士收敛遗骸,葬于山间僻坳之处。身着白色丧服的秦穆公向全军将士公开道歉:"古人办事,虚心听取年长者的意见,才没有犯什么过错。"

在秦军上下发奋雪耻的三年当中,秦穆公也在反复思考自己不纳忠言的严重后果。现在真心悔悟,主动道歉,目的是让全国上下、子孙后代记住自己犯下的错误,并引以为戒。

没有不犯错的完人。秦穆公犯了错之后,敢于正视错误、承担错误,并且容许手下的将领犯错,帮助他们改正错误,接下来他所收获的,自然是最后的胜利。

秦穆公的良马

秦穆公爱马。

曾经他的一匹良马跑到岐山,被当地三百多个乡民抓住吃掉了。当地官员闻讯将乡民们全部抓获,准备法办。对此,秦穆公说:"君子不能因为牲畜而伤害别人。我听说,吃马肉如果不喝酒

会对健康有害。"于是他下令赦免了那些乡民,并赐酒给他们喝。

显然,秦穆公心里很清楚,良马和百姓,哪个对他更重要。

公元前646年,秦国发生饥荒,晋惠公不但不援助,反倒趁机攻打秦国。秦穆公大怒,率军迎战。著名的韩原之战爆发。交战中,晋惠公的战车陷入泥沼,秦穆公领兵追击,反倒被晋国的援军包围,秦穆公受伤。情势万分危急之际,一支生力军冲入晋军,不但救下秦穆公,还活捉了晋惠公。实现剧情反转的,正是当年秦穆公赦免的那群吃马肉的乡民。他们一直感念秦穆公的不杀之恩,当得知秦穆公有难,他们拿起武器,以死相拼。

尽管身处西部一隅,秦穆公却有"得民心者得天下"的见识。

作为一方诸侯,秦穆公最大的财富不是疆土,不是金银珠宝,而是人才。

他之所以成功,是因为他会识人、用人。无论是困于田野乡间的贤才,还是隐于天涯海角的俊杰,一旦被他发现,他会不惜一切代价将其挖过来为己所用。百里奚就是这样一个非典型人才。在别人眼里,他是亡国之臣,行踪不定,年逾古稀,似乎价值不大。但是在秦穆公看来,这是难得的治国奇才,所以费尽周折也要找到百里奚并拜为上卿。

秦穆公还知道:人才的朋友圈里都是人才。果然,一个百里奚为他带来了蹇叔以及三个小辈人才。都说慧眼识珠,秦穆公是慧眼识得一串珠玉。

没有常胜将军,没有不犯错的人,秦穆公对错误有着极为清醒的认识。面对困难,他审时度势,分得清轻重缓急,敢于承担责任,并容许手下犯错。孟明视三将攻晋,崤山一败,彭衙再败,事不过三,最终王官雪耻,这三战充分体现了秦穆公的用人不疑,既不怀疑他们的忠诚,也不怀疑他们的能力。他没有把人才神化,而是把人才当作会犯错的普通人。没有了求全责备的压力,轻装上阵的三位将领知耻而后勇,最终成功逆袭。

守着金银珠宝的是财主,热衷于声色犬马的是土豪,当偏安一隅与逐鹿中原发生冲突时,秦穆公毫不犹豫地选择了后者。他清楚,没有团队做不成事,没有优秀团队做不成大事。成就霸业是自己的事业,同样也是人才们人生价值的最终体现。思想统一了,上下一心了,称霸只不过是时间问题。

微信扫码关注领取
【随身文史博物馆】

孔子走四方

公元前497年，鲁国大司寇孔子代理国相三个月，鲁国出现了买卖公平、行人有序、道不拾遗、宾至如归的可喜景象。

为阻挠鲁国变得强大，齐国送来80名能歌善舞的美女和30乘身披彩饰的驷马。鲁国执政季桓子接受了女乐，沉迷其中，多日不理朝政，这让孔子非常失望。不久鲁国在郊外举行祭祀，结束后孔子竟然没有分到祭祀的胙（zuò）肉。他明白，自己已经被鲁国抛弃，不得不离开了。

杨虎围匡

55岁的孔子带着弟子们来到离鲁国最近、政治文化相近的卫国。卫灵公直接按照孔子在鲁国的俸禄标准，给他开出了俸粟六万斗的高薪，但是没有给他安排一个具体的官职。没过多久，孔子突然被士兵监视。一打听，原来有人向卫灵公进了谗言。失望

本文内容参考《史记·孔子世家》《史记·仲尼弟子列传》《史记·卫康叔世家》。

的孔子只好离开已经居住十个月的卫国。

孔子一行前往陈国，经过匡地时莫名其妙被当地人围困了五天。当地人听他们是鲁国口音，又看到孔子身材魁梧，误以为是鲁国的阳虎来了。阳虎是鲁国权臣季孙氏的家臣，曾经残害过匡人，所以当地人都想报复阳虎。

眼见匡人越聚越多，弟子们都很害怕。孔子坦然道："周文王已死，礼乐教化就靠我们来传承了。如果上天要毁灭礼乐，就不会让我们来维护了。既然上天没有要消灭周礼，匡人又能将我们如何呢？"孔子的话平息了匡人的怒火，经过解释，双方消除了误会，孔子一行得以离匡赴蒲。

这个故事后来衍化为成语：杨虎围匡。其中，"杨"通"阳"，常常用来指因貌似而产生误会。匡地之围让孔子看到了百姓对暴政和恶人的憎恨。

绯闻缠身

孔子在蒲地待了一个多月，又返回了卫国。

卫灵公的夫人南子派人联系到孔子，表示想见他一面。这个南子是天下闻名的美人，但生性放荡，名声不好，所以孔子婉言谢绝。无奈对方一再相请："凡是来跟我们国君做兄弟的，我都要见上一面。"又考虑到南子在卫灵公心里的地位，孔子不得不前往拜见。

男女有别,君臣有别,孔子和南子的会见是隔着帷帐进行的。孔子叩头行礼,南子在帷帐中回礼,身上佩戴的玉器首饰发出清脆的声响,这声响着实令人心旌摇曳。

关于这次不得已的见面,孔子后来只说了一句话:"我本来就不愿见她,既然不得已见了,就得还她以礼。"对此,心直口快的大弟子子路非常不满。孔子为此甚至发了毒誓:"我如果做了什么不妥当的事,苍天不容!"就是这样一段他不愿提及的尴尬事,成了别人口中捕风捉影的绯闻。

至此,孔子无法继续待在卫国,又再度出走。

丧家狗

孔子一行经过曹国,来到宋国。孔子是商朝后裔,与宋国国君是同宗,本以为可以在宋国落脚,不料宋国的司马桓魋(tuí)害怕孔子师徒会取代自己的权势,竟然派人追杀孔子。孔子无奈,只得继续出走,来到郑国。

在郑国,孔子和弟子们走散了,独自站在外城的东门等候。一个郑国人看见了,便对四处寻找孔子的子贡描述:"东门有个人,额头像唐尧,脖子像皋陶,肩膀像子产,可是腰部以下比禹短三寸,一副狼狈不堪、没精打采的样子,真像一条丧家狗。"子贡找到孔子后,把郑人的原话如实告诉孔子。孔子笑了笑说:"他用古人来形容我的相貌,古人谁也没见过,不一定对。但是说我像丧家狗,对极了!对极了!"

孔子认可丧家狗的比喻,不是自嘲,而是觉得恰如其分。从鲁国到卫国,再到曹国、宋国和郑国,他空怀一身本领,一身抱负,却无人收留,无处容身,就像一条无家可归的流浪狗,孤独而倔强地行走在追求理想的路上。

孔子辗转来到了陈国,住了三年。在这期间,吴国攻打陈国,楚国包围蔡国,吴国击败越国。晋、楚两个大国争霸,轮番欺负陈国。如此是非之地,孔子如何安身?那就继续上路吧。

话不投机

孔子来到蒲地,却遇上卫国贵族公叔氏据蒲叛乱,再度被扣留。弟子们为了突围,与蒲人打得很激烈。蒲人于是给出条件:"如果你们不去卫国,我们便放你们走。"孔子就和他们订立盟约。脱身之后一行人还是去了卫国。弟子子贡不解:"盟约可以违背吗?"孔子答:"在要挟之下订立的盟约,神是不会认可的。"

卫灵公听说孔子回来,亲自到郊外迎接。关于蒲地的叛乱,卫灵公特别征求孔子意见,孔子表示可以征讨。卫灵公这时又说,群臣认为蒲地是防御晋、楚的屏障,不宜攻打。孔子明确表示:"讨伐

的是那四五个带头叛乱的人。"卫灵公点头称是,但事后并未出兵征讨。

此时的卫灵公年老体衰,懒于政事,并没有急着任用孔子。孔子仰天长叹:"如果有人起用我,一年就够了,三年定会大有成效。"牢骚发完,他继续出走。

这一次孔子打算西去晋国投奔名臣赵简子。可是他走到黄河边,听到赵简子杀害窦鸣犊、舜华的消息,于是对着浩荡的黄河水叹了口气说:"我不能渡过黄河,大概就是命运的安排吧。"

身边的子贡不解。孔子说:"窦鸣犊和舜华都是晋国有才德的大夫。当年赵简子依靠他们的帮助得以从政,如今得志的赵简子竟然杀了这两个恩人来执掌政权。君子都是忌讳伤害同类的。"

无奈之中,孔子回老家陬(zōu)邑稍作休息,再次回到卫国。

卫灵公表面上对孔子还是以礼相待。一天,他向孔子问起了军队列阵作战的事。孔子回答:"祭祀的事我听说过,排兵布阵的事,我还没学过呢。"卫灵公当时的表情,大家应该可以想象得出来。

第二天,孔子再来找卫灵公,发现对方的注意力一直在天上飞的大雁身上。这次尴尬的聊天后,孔子知趣地收拾行囊,前往陈国。

来来往往

那年夏天,卫灵公去世。次年秋天,鲁国执政季桓子病重,回首往事,他感慨道:"从前国家几乎要兴盛了,因为我得罪孔子,所以功亏一篑。"他嘱咐儿子季康子:"我死之后,你就会继承我的位子辅佐国君,到时一定要召回孔子。"

季康子继承父位后,觉得当年是父亲赶走了孔子,如果现在自己要召回孔子的话,一定会被诸侯耻笑,因此放弃了召回孔子的念头,转而召孔子的弟子冉求回国。得知这个消息,孔子自言自语道:"回去吧,回去吧,家乡的那些年轻人奋发有为,志向远大,我都不知道怎样教他们了。"一旁的子贡明白,老师是思念故国了。冉求应召起身之时,孔子肯定地说:"这次国家召你回去,不会小用,而是重用。"子贡则叮嘱师兄:"你要是被重用了,一定要想着把老师请回去。"

不久,孔子去了蔡国。不料蔡昭公竟然被大臣射死,楚国闻讯派兵侵犯蔡国。孔子只好前往楚国的叶地。叶公专程向孔子请教怎么处理政事,但是两人理念不同,于是孔子一行掉头回蔡国。

在路上,他们看到一高一矮并肩在水田里干活儿的两个农民。孔子认为他们是隐士,便叫子路前去打听渡口的位置。高个子反问:"那个拉缰绳的是谁?"子路答:"是孔子。"高个子说:"既然他是鲁国的孔丘,就应该知道渡口在哪里。"

矮个子又问子路的身份,得知子路的身份后说:"天下到处动荡,谁能改变这种现状呢?你与其跟着逃避暴君的人四处奔走,不如学我们这些隐士。"子路回来把他们的原话复述一遍,孔子失望地说:"我们不能居住在山林里与鸟兽同群。要是天下太平,我哪需要到处奔走想着改变这乱局呢?"

和这帮避世的隐士相比,敢于入世的孔子勇气可嘉。

鸟能择木

这次,孔子落脚在了陈国与蔡国的边境。三年后,吴国攻打陈国,楚国救援陈国。混战之际,楚昭王听说著名的孔子就在附近,便派人前去请他。陈、蔡两国的大夫得到消息,认为孔子如果被大国楚国重用,对陈、蔡两国是巨大威胁。于是两国都派出大批劳役之徒将孔子一行围困在野外。连续多天,饮食断绝,寸步难行,不少弟子饿倒在地,站不起来。孔子仍坚持给大家讲学、诵诗、弹琴、歌唱。幸亏子贡去楚国报信,楚昭王派兵前往,才将孔子一行救到楚国。这段经历后来也衍化为成语:陈蔡之厄,常常用来比喻旅途中遇到食宿上的困难。

楚昭王打算把有户籍登记的方圆七百里的区域交给孔子管理,可是令尹子西出面阻止。他的理由是,孔子和他的弟子才德超过楚国的大臣,如果任用孔子等人,很难确保将来楚国还是不是楚王的土地。听完这些,楚昭王打消了任用孔子的念头。不久,楚昭王去世。孔子离开楚国,又回到了卫国。

此时孔子的好几个弟子都在卫国做官,国君卫出公也想请孔子出来执政,但这些想法仅停留在口头。

而在鲁国,孔子的学生冉求统率军队打败了齐军。鲁国执政季康子问冉求的军事才能从何而来,冉求不失时机地回答:"跟我老师孔子学的。"季康子于是提出召请孔子的想法。冉求表示:"只要不让小人从中阻碍,您就可以请我老师回国了。"

此时,卫国大夫孔文子准备攻打太叔,向孔子问计。孔子推说不知,回到住处后便备车准备离开。孔文子坚决挽留他,孔子说:"鸟能选择树木栖息,树木怎么能选择鸟呢?"恰巧季康子派使者带着礼物来迎接孔子,于是69岁的孔子在兜兜转转了一大圈之后,终于又回到鲁国。

从公元前497年春到公元前484年秋,孔子出走鲁国,到过卫、曹、宋、郑、陈、蔡、楚等七个国家。其中曹、宋、郑、蔡、楚国只去过一次,甚至有些仅仅只是路过,而去卫国和陈国相对频繁,孔子在陈国居住近四年,在卫国则待了近十年,五进五出。

有人说孔子这是周游列国,但是这段漫长的旅程并不精彩,充满了无奈和艰辛。孔子一次又一次满怀希望地前往,一遍又一遍备受打击地离开,之后再重拾信心地回头,接着继续承受更加残酷的抛弃,如此这般往复进行,孔子的从政梦想一点一点被现实撕碎。

郑人用丧家狗形象地勾勒出孔子当时的状态。一路奔跑、不停出走的孔子在礼崩乐坏的时代寻找曾经周礼完备的理想家园。丧家的不是他,而是争权夺利的诸侯、卿大夫们。孔子在替他们找回丢失的灵魂,偏偏这样的举动得不到认可。这不是孔子的悲哀,而是那个时代的悲哀。

孔子曾说:"道不行,乘桴(fú)浮于海。"意思是,如果我的主张行不通,我就坐着木筏到海上漂流去。果真如此,那就不是可亲可敬的孔子了。"知其不可为而为之"的他从来不消极避世,而是以一种百折不挠、积极的心态去面对那个最坏的时代。所以我们说,孔子是出走,而不是逃离。他几次三番回到卫国,就是希望昏庸的卫灵公能够迷途知返。14年后回到曾经驱逐自己的祖国,同样是源于一颗赤子之心。

宋人朱熹说:"天不生仲尼,万古如长夜。"正是孔子一路出走，踽(jǔ)踽独行，中国才有了一个令人敬仰、催人奋进的千古偶像。

丧家之犬：指失去主人，无人喂养的狗。比喻失去依靠、无处投奔、到处逃亡的人。

择木而栖：鸟儿选择恰当的树木做窝。比喻士人选择贤君明主，为他效力。栖，居。

范蠡的圆满人生

《史记》全书十二本纪、三十世家、七十列传,涉及的有名有姓的人物上千。他们有的英雄盖世,有的唯唯诺诺,有的光明磊落,有的蝇营狗苟……要说"仰不愧于天,俯不怍(zuò)于人",范蠡则是无可争议的千古第一人。

范蠡一生有过三个名字:范蠡、鸱(chī)夷子皮和陶朱公。三个名字代表了他的三段人生,两次更名代表了他的两次转型。总能在关键时刻做出正确选择,这是范蠡的过人之处。别人也许能成功,范蠡则能实现人生圆满。

范蠡辞职

公元前494年,越王勾践得知吴王夫差日夜练兵,准备报复越国,于是决定先发制人。范蠡劝他不要轻举妄动,勾践不听,结果兵败会稽山。

本文内容参考《史记·越王勾践世家》。

危难之际,范蠡和文种献计,向吴国求和,勾践入吴为奴。

三年后,由范蠡陪伴的勾践结束屈辱的奴隶生涯,从吴返越,开始了十年生聚、十年教训的奋发图强。

公元前473年,越国灭吴,一雪前耻。进而北进淮河,兵临齐、晋,号令诸侯。

功成名就之际,上将军范蠡向勾践递上了一封辞职信:"我听说,君主忧愁,臣子就劳苦;君主受辱,臣子就该死。过去您在会稽受辱,我之所以未死,就是为了报仇雪恨。如今大耻已雪,臣请求您定我使君主受辱的死罪。"

深谙人性的范蠡很清楚,随着越王复国大业的完成,自己与勾践的蜜月期也宣告结束。过去二十二年,特别是入吴为奴的三年,他紧随勾践左右,见证了勾践最屈辱的日子。如今重归王位的勾践恨不得清空那段记忆,自己这个亲历者不也在被删除之列吗?于是他主动请退。

尽管心思已被看穿,但是为了保持明主的形象,勾践不敢急于卸磨杀驴。于是竭力挽留范蠡:"我将和你平分越国。"但同时又加了一句警告:"否则,就要加罪于你。"

真是此地无银三百两,勾践的狼子之心暴露无遗。

范蠡早有打算,回复一句:"君主可以行使您的命令,但微臣也要遵从自己的心愿。"然后打点细软珠宝,乘船出海,永远离开了越国。

范蠡功成身退,无欲无求,勾践找不出一点他的问题,只好咬着牙装出感念他的样子,将会稽山封作他的封邑。

出走之后,范蠡还给文种寄来一封信,当中有几句经典的话:"飞鸟尽,良弓藏;狡兔死,走狗烹。"他劝文种赶紧离开越王,因为此人可以共患难,不可共享乐。文种接到信后,称病不再上朝,却没有离开越国。结果等待他的,是一柄长剑。

那个叫范蠡的人,辅佐越王复国雪耻,之后全身而退,圆满。

鸱夷子皮散财

"范蠡"走了,乘船渡海到达齐国海边。弃舟登岸的人改名鸱(chī)夷子皮。什么是鸱夷子皮?就是当时用牛皮做的酒器。范蠡缘何给自己改了这样一个莫名其妙的名字?

当年伍子胥自杀之后,吴王夫差盛怒之下,命人将用鸱夷革囊装着的伍子胥尸体沉入江中。范蠡这是在暗示越王勾践,我知道你有杀我之心,但我已归隐,如同伍子胥尸沉江底,别再来烦我了。

鸱夷子皮是酒囊,盛得下好酒,饮得下喜忧,范蠡彻底与政治生涯告别了。

鸱夷子皮临海而居,二次创业,父子齐心合力打理自己的产业。有见识,有能力,外加能吃苦,没过多久鸱夷子皮积累了数十万的财产。

新晋富豪的名声越传越响,连齐国朝廷都知道了。大臣们发现,那个名震一时的越国能臣范蠡原来隐姓埋名跑到海边闷声发大财了。闻讯的齐国国君赶紧派使者前往鸱夷子皮家,请他出任国相之职。

面对使者的厚礼和相印,鸱夷子皮异常镇定地说:"住在家里就能积累千金,做官做到卿相之位,这是平民百姓所梦想的人生极致,我都得到了。但长久享受这样的盛名,是不祥之兆。"他拒绝了使者的好意。

当晚,鸱夷子皮将家产分给亲朋好友、左邻右舍,携带贵重财宝,再度出走。

那个叫鸱夷子皮的人,临海创业,家产达数十万,之后散财出走,圆满。

陶朱之富

据说范蠡当年在越国曾求教于经济学家计然,学会了根据时节、气候、民情、风俗等外界条件灵活经营。此番他从齐国出走,来到宋国的陶邑,二度改名朱公,后来大家都称他陶朱公。

陶朱公认定陶邑位居天下中心,四通八达,交通极为便捷,于是父子几人耕种畜牧,买进卖出,开始第三次创业。经历了诸多大事件的范蠡内心早已云淡风轻,大格局决定了他的大事业。人弃我取,人取我予;顺势而为,相机而动;他再度发家致富,家资累积上亿。

令人称奇的是,陶朱公两次将赚得的钱财分给贫穷的朋友和远房的同姓兄弟。19年过去,陶朱公年事已高,他把家业传给子孙。一个商界奇才悄然隐退,但是天下仍在称颂他的传奇。

陶朱公经商只取十分之一的利润,如同他在战场、在政坛,懂得适可而止。因为善于舍弃,最终他得到了平安和成功。

舍得之道

陶朱公到陶邑后,生下幼子。幼子成人之时,次子因为杀人在楚国被捕。为了救人,陶朱公派幼子带黄金千镒(一镒合二十两,千镒即二万两)去楚国托人打点关系。

临出发之时,长子坚决要替小弟前去楚国,并以自杀相威胁。妻子也在一旁相劝。陶朱公不得已换成长子,让他将一封亲笔信交给旧日好友庄先生,并嘱咐他:"到楚国后,把黄金交给庄先生,一切听从他安排,千万不要与他争执。"长子点头,临行时又私自携带了几百金。

到达楚国都城,找到庄先生临近外城的房子时,长子傻眼了。原来这是一间没在野草中的破房子。长子感到很失望,但还是按父亲的要求把信件与黄金都交给了庄先生。

庄先生只是告诫他:"你赶快离开这里,千万不要逗留。等你弟弟释放后,也不要询问原因。"长子转身出门,不再去找庄先生。但是他没有回家等待消息,而是留在楚国。他不相信庄先生的能力,而是用自己携带的百金开始上下打点楚国主事的那些达官贵人。

长子哪里知道,庄先生虽然住在穷街陋巷,却是楚国以廉洁闻名的大人物,连楚王都奉他为老师。面对陶朱公的千镒黄金,庄先生并不在意,而是想在事成之后归还,以示自己讲信用。

这天,庄先生找到机会入宫见楚王。他说天上某星宿(xiù)偏移了位置,将会对楚国造成危害。楚王赶紧问对策。庄先生顺势说:"只有实行仁义道德才可以免除灾害。"楚王于是命人查封贮藏三钱(金、银、铜)的仓库。

那些收了金银的官员赶紧告诉陶朱公的长子:"楚王下令查封贮藏三钱的仓库,按惯例这是要实行全国大赦的前奏。"想到弟弟就要被释放了,大喜之余的陶朱公长子竟然去找庄先生。

面对庄先生的疑惑,长子说:"我始终没离开楚国。现在就要全国大赦了,我弟弟自然会得到释放,所以我特意来向您辞行。"

庄先生明白他是想来拿回千镒黄金,便说:"你自己去房间取黄金吧。"长子径直入室取走了黄金,他暗自庆幸省下了这么多黄金。

庄先生觉得被这个不懂事的晚辈羞辱了,一气之下再次进宫。他对楚王直言:"我上次说的星宿之事,大王想做好事来回报。现在我听外面传言,陶地富豪朱公的儿子因杀人被我国囚禁,他们家派人用重金贿赂大王左右的人。所以这次大赦不是体恤百姓,而是为了陶朱公之子。"楚王闻言大怒,下令先杀陶朱公次子,第二天才下达赦免令。

自以为是的陶朱公长子最终带着弟弟的尸体回家了。

亲人和乡邻们都很悲痛,只有陶朱公淡淡一笑,说:"我原本就知道老大救不了弟弟。"众人不解,朱公解释道:"老大不是不爱弟弟,但是他有舍不得的东西。他从小跟我一起受苦,知道生活艰难,所以把钱财看得太重,不敢轻易花钱。我当初为什么要老三去楚国?因为他一生下来就过着富有的生活,他不知道钱财从何而来,把钱财看得极轻,花起钱来更是毫不吝惜。让老三去楚国,他舍得弃财。而老大舍不得钱财,最终害了老二。就是这样的事理,不值得悲痛。从老大出门之时起,我日夜盼望的就是老二的尸首能够回家。"

一切都在他的意料之中,所以陶朱公才会处变不惊,出离了痛苦。

范蠡两次出走,两次更名。每一次出走,代表一次舍弃;每一次更名,代表一次新生。

范蠡敢于舍弃,让自己得以远离危险。范蠡敢于选择新生,挑战自我,让自己收获更大的天地。

前半生从政,后半生经商,范蠡保有的却是道家置身世外的超然心态。他不争不抢,不骄不躁,才得已在刀光剑影、尔虞我诈间游刃有余。

范蠡解读政治,解读商道,最根本的是在解读人心。他看透了越王勾践,读懂了庄周,更看透世道人心,于是他宠辱不惊,笑对风云。

唐朝诗人高适写过一首乐府诗《飞龙曲·留上陈左相》,全篇很长,不算上乘之作,但是中间有两句格外著名:"天地庄生马,江湖范蠡舟。"上句引了庄子《逍遥游》的典故,下句说的是范蠡远涉江湖的后半生。庙堂无趣,江湖有梦,范蠡撑一叶扁舟渡人渡己,逍遥自在。

成语典故

鸟尽弓藏：飞鸟没有了,就把弓藏起来不用了。旧时用来比喻君王取得政权之后,功臣遭到废弃或杀害。现在比喻事情成功后,把曾经出过力的人一脚踢开。

兔死狗烹：兔子被捕杀后,捕兔的猎狗也被烹煮吃掉。比喻事成后,把曾经出过大力的人杀掉。多指残害有功之人的行为。

刮目相看小人物

《隋唐演义》里，好汉秦琼在江湖上人称"孝母赛专诸，交友似孟尝"。专诸指春秋末期吴国的孝子，孟尝指战国后期齐国公子孟尝君田文。战国时贵族都爱养门客。如果把拥有门客的多少看成贵族地位和财富的象征，那么孟尝君田文可能就是当时贵族里的老大了，据说他的门客多达三千。

虽说三千门客鱼龙混杂，有才子俊杰，也有骗吃混喝的主儿，甚至还有犯罪逃亡的人，但是孟尝君都来者不拒，反正是吃饭，不在乎多这一两双筷子。在聪明的田文眼里，每一个人的身上都有闪光点，未来某个时候，那些貌似平庸的凡夫俗子也会展现属于他们自己的惊艳人生。

狗盗与鸡鸣

田文，齐威王之孙，齐宣王之侄，因为承袭了父亲在薛邑（今

本文内容参考《史记·孟尝君列传》《战国策·齐策四》。

山东枣庄滕州）的爵位，被称为薛公，死后谥号孟尝。田文名声在外，秦昭襄王是他未见面的粉丝。为了能让田文来秦国一见，秦昭襄王派了自己的弟弟泾阳君嬴带到齐国作质子，以表诚意。尽管清楚秦国是虎狼之国，出使凶多吉少，但挡不住秦国一再邀请，齐湣王只好派田文前去。

一到秦国，仰慕田文的秦昭襄王立即任命他为相国。不料有大臣劝谏："薛公是齐王的同宗，他做了秦相，遇事一定先考虑齐国再想到秦国，这样可就危险了。"秦王一听，立即罢免了

门　客

　　门客又称食客、宾客，是存在于春秋战国至秦汉时期一个非常特殊的群体。他们可能是知识分子，可能是没落的贵族，可能是侠士，也可能是只会旁门左道的社会边缘人，他们涵盖了社会各阶层，通过依附贵族，充当智囊、保镖等使自己工具化，最终实现追求荣华富贵、建功立业的目的。门客分为若干等级，低级的只能保证温饱，高级的则是"食有鱼，出有车"。秦汉以后，随着中央集权制度的逐步确立，天下只有一个主人，即皇帝，大家都要为他服务，门客日渐消亡。

　　值得一提的是，门客不同于家奴。他们日常没有固定工作，不需要为主人干杂役，但照样有吃有喝定时拿薪水。一般是有需要时，主人才会给门客安排具体任务。

田文的职务。但是他又舍不得这个人才,便把他囚禁起来,准备杀掉。

田文知道情况不妙,赶紧考虑逃生之计。他派人去找秦昭襄王的宠妾请求解救。这位宠妾答应了,但是开出一个条件:"我想要薛公的那件白狐裘皮大衣。"这实在是个难题,因为这件价值千金的白狐裘已经献给秦王了。上哪儿再弄一件呢?

正在发愁之际,随行的门客中一个极不起眼的人站了出来:"我能拿到那件白狐裘。"田文这才想起来,此人除会披着狗皮偷盗之外,并无其他能耐,所以一直不受重视。情况紧急,也只能让他试试了。

当晚,这个门客披上狗皮,钻入秦宫的仓库,顺利取出了那件献给秦王的白狐裘。宠妾得到白狐裘后,便在秦昭襄王面前替田文说情,于是秦昭襄王便放了田文。获释之后,田文立即带随从乘车逃离,更换出境证件,改掉姓名逃出城关。一路狂奔,到达函谷关时已是夜半,关门紧闭。按照规定,鸡叫之时才能开门放人进出。

而秦昭襄王这时后悔放了田文,差人寻他,发现人去楼空,就赶忙派人驾车追捕。前有关城,后有追兵,田文一行又遇到了棘手的难题。这时,队伍的最后又冒出一个不起眼的门客,此人唯一的能耐是擅长学鸡叫。于是,在他的"鸡叫"之后,附近的鸡一齐叫了起来。守关的士兵以为天快亮了,查验过田文等人的证件后,便开关放人,一行人终于有惊无险地逃出生天。

当初大家觉得薛公田文用人不当,连小偷小摸的人都收作门客。经过这次劫难,人们不得不佩服他的眼光,原来每一个"备胎"都可能派上大用场。

冯谖(xuān)弹剑

田文好客之名远近皆知。一天一个叫冯谖的穷人穿着草鞋就登门了。田文非常客气地招呼他说:"承蒙先生远道光临,有何指教?"

冯谖也不客气地说:"听说您乐于养士,我很穷,就想在您手下混口饭吃。"原来是个想吃白饭的。田文不再多问,把他安排在了下等门客的宿舍。

十天过去后,田文问管家:"那个新来的客人最近在做什么?"

管家回答:"这个冯先生太穷了,只有一把用草绳缠着剑把(铗)的破剑。他经常弹着剑唱歌,说:'长剑啊,咱们回家吧,这里吃饭没有鱼。'"

田文听后让冯谖搬到中等门客的宿舍,这样他就有鱼吃了。

过了五天,田文又问管家冯谖的情况,管家说:"他又弹剑作歌,'长剑啊,咱们回家吧,这里出门没有车。'"

于是田文又把冯谖迁到上等门客的宿舍,这样他出入就有车坐了。

又过了五天,当田文再问时,管家答道:"冯先生还在弹剑作歌,'长剑啊,咱们回家吧,这里没法养活家人。'"田文再有涵养,也不高兴了。此后一年,他没有再问过冯谖的事。

冯谖收债

田文虽然身为齐国贵族,受封万户于薛邑,但是架不住家里三千门客每天的吃穿用度,所以经常派人去薛邑放贷收债。由于年景不好,庄稼没有收成,借债的百姓多数不能偿付利息。收不上来钱,如何供养家中的门客?

正当田文为收债的人选发愁之时,管家说:"我看上等门客宿舍里的冯先生,既精明又稳重,派他去收债应该合适。"于是田文找来冯谖商量,冯谖满口答应。

到了薛邑,冯谖命人把凡是跟田文借了钱的人召集起来,经过催要得到利息十万钱,但还有不少人付不了利息。他用十万利息钱酿了酒,买了牛,然后杀牛炖肉,置办酒席,召集借钱的人前来赴宴。不论能不能付得了利息,都要求一律带上当初借钱的契据。酒过三巡,冯谖拿着契据走到席前跟大家一一核对,能付利息的,定下期限;付不了利息的,取回契据当众烧毁。然后,冯谖对大家说:"薛公之所以向大家放贷,是因为要给没有资金的人提供资金从事生产;他之所以向大家索债,是因为无钱供养家中的门客。现在有钱还债的,咱们约定还债日期;无力还债的,咱们就把债务废除。接下来,各位就开怀畅饮吧。有这样的封邑主人,日后咱们怎么能背弃他呢?"一番热腾腾的话语感动了在场所有的人,大家全体起立,连续两次向冯谖行跪拜大礼,感谢薛公田文。

冯谖回到临淄,得知消息的田文立即责问他为什么要这样做。

冯谖不慌不忙地解释道:"如果不办酒席把大家集合起来,我就不知道谁富谁穷。富的,给他限定还债日期。穷的,即便催十年也还不上,时间越长,利息越多,逼急了,还会逃债。这样不仅债务问题得不到解决,朝廷还会认为您贪财好利,不爱惜百姓。我之所

以烧掉徒有其名的借据，废掉有名无实的账簿，其实是让薛邑百姓感激您，宣扬您的好名声啊。"

一年之后，齐湣王受谗言蛊惑，罢了田文的官职。眼见田文失势，不少门客都离他而去，只有冯谖陪着田文回归封邑薛地。心灰意冷的田文惊奇地发现百姓自发在半路迎接自己，他这才明白冯谖此前焚券市义的良苦用心，不禁连声向冯谖称谢。

冯谖使秦

冯谖冲田文一拱手："所谓狡兔三窟，只是逃生而已。我还得帮您再去开凿两窟。请准备车马金银派我前往秦国，我一定让您在齐国更显赫，食邑更广。"田文不知冯谖葫芦里卖的是什么药，但相信他的能力，于是备好了车马金银。

冯谖来到秦国，见到秦王说："天下说客入秦，都想强秦弱齐，入齐则想强齐弱秦。秦国和齐国就是一对势不两立的雌雄之国。"秦王对这个话题很感兴趣，说："怎么能使秦国在竞争中避免处于下风呢？"

冯谖不失时机地提及田文被罢官的事："让齐国受天下敬重的，就是薛公田文。如今受了委屈的薛公一定会离开齐国，他对齐国国情了如指掌，如果来到秦国，一定能帮您战胜齐国。大王赶快派人去迎接薛公。如果齐王明白过来，再重用薛公，秦、齐之争的胜负就是未知数了。"秦王于是派出十辆马车载着百镒黄金去接孟尝君。

冯谖抢在秦国使者之前回到齐国,面见齐湣王,把他跟秦王说的那番话站在齐湣王的角度重新说了一遍,齐湣王也幡然醒悟,立即恢复了田文的相国职位,还给他薛地的封邑,增加了千户。这时,秦国使者进入齐国,得知消息后就转头回国了。

冯谖去迎接田文回都城,田文感慨道:"我素来喜好宾客,乐于养士,对食客们没有失礼之处。可是得知我被罢官了,他们都背离我而去。如今靠着先生,我得以恢复官位,那些离开的人还有什么脸面再来见我?如果真有来的,我一定吐他们一脸口水,狠狠地羞辱他们。"

冯谖赶紧收住马的缰绳,下车跪倒行礼。田文见状也下车还礼:"先生是要替那些人道歉吗?"

冯谖回答:"不是为他们道歉,而是因为您说错话了。万物有盛有衰,世事都有常理,您明白这个意思吗?"

田文不解。

冯谖解释道:"俗话说,穷在闹市无人问,富在深山有远亲。您发现没,每天天刚亮,人们都争着往集市里挤,日落之后从此经过的人却头都不回。不是人们喜欢早晨厌恶傍晚,而是因为期望得到的东西晚上已经没有了。所以您失去官位,门客都离去,您不能因此怨恨他们。希望您待他们能像过去一样。"

田文听完,顿感释然:"听君一席话,胜读十年书。我今天算是受教了。"

脑洞大开

孟尝君养门客三千，并非财大气粗的土豪作风，而是不拘一格用人才。无论是冯谖这样的有识之士，还是那些鸡鸣狗盗之徒，正是有了孟尝君的放手任用，才实现了让同辈刮目相看的人生。

孟尝君不是外貌协会的，没有以貌取人，没有以个人好恶决定人才的去留，甚至收留容纳像冯谖这样一味要求提高待遇而无所作为的人。他相信自己的眼光，相信自己不会看错人。

草根冯谖因为孟尝君而开启人生逆袭，孟尝君则更是因他而四海扬名。一个纵横捭阖，一个指挥若定，两人互相成全，从而获得了双赢。

成语典故

鸡鸣狗盗：能学鸡打鸣、学狗偷盗。比喻微不足道的技能，也指偷偷摸摸的行为。

弹铗(jiá)无鱼：指处于困境中，有求于人。铗，剑把。

狡兔三窟：狡猾的兔子有三个洞穴。比喻藏身的地方多，便于逃避灾祸。

"拼命三郎"蔺相如

在先秦诸多名臣当中,蔺相如算是异类。虽然是文臣,但是他的每一次表现都弥漫着浓浓的火药味。

玉璧与城

蔺相如原本是赵国宦者令缪贤手下一个名不见经传的门客。当年缪贤犯了大罪,想逃往燕国。门客蔺相如一把拦住他,说:"您了解燕王吗?"缪贤说:"当年我随大王在边境会见燕王时,燕王曾私下表示要跟我交朋友。"

蔺相如一摆手,说:"当年赵强燕弱,您是赵王的宠臣,所以燕王要跟您结交。现在如果您逃往燕国,燕王惧怕赵王,一定会把您捆绑起来送回赵国。"缪贤听后傻眼了,连忙问计。

蔺相如说:"您不如脱掉上衣,伏在斧刃之下请求赵王治罪,这样或许能被赦免。"缪贤依计而行,果真被赵王赦免。从此,缪贤

本文内容参考《史记·廉颇蔺相如列传》。

对蔺相如另眼相看。

而蔺相如最终步入政坛,跟那块著名的"和氏璧"有关。

战国中期,楚国的和氏璧流落到赵国,被赵惠文王所得。秦昭襄王得知此事,便派人送来一封信,表示要用秦国的十五座城邑交换这块和氏璧。

赵国君臣为此犯了难。他们知道秦王的为人,最爱以强凌弱,巧取豪夺,他说拿十五座城邑交换,基本会是赵国交出和氏璧,秦国反悔不给城邑。可是如果不答应吧,秦国大军立刻就会兵临城下。秦赵交兵,孰胜孰负,赵国君臣都很清楚。这和氏璧给也不是,不给也不是,究竟如何给秦国一个回复呢?

关键时刻,宦者令缪贤想起了门客蔺相如,便向赵王推荐。听了缪贤的介绍,赵王觉得这个蔺相如很有头脑,立即就要召见他。

面对以城换玉的难题,蔺相如直言:"秦强赵弱,不能不答应。"

赵王问:"他得了我的和氏璧,不给我城,怎么办?"

蔺相如答:"秦国提出交换请求,不答应,是我们理亏;我们给璧,秦国不给城邑,是他们理亏。二者权衡,宁可答应,让秦国来承担理亏的责任。"

赵王于是问:"那派谁出使秦国呢?"

"如果大王确实无人可派,臣愿捧护和氏璧出使。"蔺相如强调:"十五座城邑归赵,我就把和氏璧留给秦国;如果城邑没能归赵,那我一定完璧归赵。"

看着蔺相如信心满满的样子,赵王吃了一颗定心丸,于是派他西行使秦。

一会秦王

在秦国的章台,蔺相如向秦王奉上了和氏璧。秦王大喜,把和氏璧翻来覆去看了半天,又传给姬妾和左右侍从看。秦国这帮人看得啧啧称奇,却把蔺相如晾在一边。蔺相如看出秦王没有拿城邑交换的意思,于是立即启动 B 计划。

蔺相如上前一步施礼:"和氏璧上有一块不起眼的赤色小斑点,请让我指给大王看。"

秦王信以为真,便将和氏璧交给蔺相如。

蔺相如接璧在手,立即退后数步,靠着柱子站定,厉声喝道:"大王想得到这块和氏璧,派人送信给赵王,赵王召集君臣商议,大家都说:'秦国贪得无厌,仗着强大,想用空话诓骗和氏璧,而不是真心以城交换。'大家都不同意把和氏璧给秦国。但是我认为平民百姓的交往尚且没有相互欺骗,何况大国之间呢?况且为了一块和氏璧惹得强秦不高兴,也是不应该的。于是我们赵王斋戒五日,命我捧着和氏璧到秦国的殿堂上拜送国书。为什么要这样?就是对大国表示尊重。如今我来到贵国,大王却在普通的章台见我,礼节傲慢。得到和氏璧后,却传给姬妾和侍从们把玩,这是戏弄赵国使节。我看您没有拿十五座城邑交换的诚意,所以我收回和氏璧。如果您一定要逼我,我的头今天就同和氏璧一起碰碎在柱子上!"说完,手持和氏璧斜视庭柱,就要撞过去。

突如其来的状况让秦王措手不及。骄横的他没想到在自己的

地盘上竟然会被一个不要命的赵国使臣占了主动。他不在乎蔺相如的生死,但是他舍不得那块和氏璧玉碎当场。于是赶紧站起身道歉,请求蔺相如不要冲动,并立即召唤主管官员拿来地图现场办公,指明具体要将哪十五座城邑交割给赵国。

一旁的蔺相如思忖秦王这是缓兵之计,于是将计就计:"和氏璧是天下公认的宝物,赵王送玉璧之前斋戒了五日。如今大王也应斋戒五天,在朝堂上安排九宾大典,我才能献上和氏璧。"

秦王估计无法强取和氏璧,只好答应斋戒五日。

蔺相如一行被安排住在了名为广成的国宾馆。他料定五日后秦王会背约夺璧,便命随从换上粗麻布衣服乔装成平民,怀揣和氏璧从小路逃回赵国,这样和氏璧就安全了。

五天后,秦国殿上举行九宾大典。蔺相如空着手走到近前,对秦王说:"秦国从穆公以来二十余位君主,没有一位坚守盟约。我实在怕被您欺骗而对不起赵王,所以派人带着和氏璧先行回国了。况且秦强赵弱,您派一位使者前往,赵国立即会把和氏璧送上。您先把十五座城邑割给赵国,赵国怎敢留下和氏璧而得罪大王?"说完,两手一背:"我知道欺骗大王是死罪,我情愿下油锅被烹杀。只希望大王和诸位大臣能仔细考虑此事。"

秦王和群臣彻底蒙了。蔺相如区区一人将秦国君臣使唤得团团转,不少人气急败坏,要将蔺相如拖出去处决。秦王到底还是一国之君,他尽力压住怒火,摆了摆手:"杀了蔺相如,不但得不到和氏璧,反而坏了秦赵之谊。不如好好款待他,再送他回国。赵王难道会为一块和氏璧欺骗秦国吗?"机关算尽,到头来秦王只能用一句解嘲的话来解除尴尬。

蔺相如不辱使命,完璧归赵,受到赵王的赏识和器重,获封上大夫。

再会秦王

此后,秦国没有拿城邑交换,和氏璧自然也还在赵国手中。秦国唯一能做的,就是连续攻赵,夺了石城,斩杀两万赵卒。武力威胁之后,秦王再次通知赵王,要在西河外的渑(miǎn)池进行一次友好会见。谁都知道,这肯定是酒无好酒,宴无好宴。可是不去,就会显得赵国惧怕秦国,有损赵国形象。经过商议,赵王同意参会,安排蔺相如随行,大将廉颇领兵在边境设防。

渑池会上,喝得尽兴的秦王问赵王:"寡人听说赵王爱好音乐。"赵王点头。秦王便说:"那请您鼓瑟。"赵王推辞不过,便演奏了一曲。这时,秦国史官上前奏道:"某年某月某日,秦王与赵王一起饮酒,令赵王鼓瑟。"显然,秦国史官这是有意降低赵王的等级。

蔺相如当然明白秦王这是在挑衅,于是跨步走到秦王近前:"赵王听说秦王擅长击奏秦乐。请让我为秦王捧上盆缶(fǒu),以便相互娱乐。"

秦王见又是蔺相如,非常恼火,不予理睬。蔺相如取过瓦缶,跪请秦王演奏,秦王仍旧不理会。

蔺相如突然起身,厉声道:"现在我离大王只有五步之远,如果大王不答应,我拼着一死,也要溅你一身血。"秦王的侍卫察觉危险,急忙要上前斩杀蔺相如。只见蔺相如圆睁二目,大声呵斥,侍卫们生怕伤到秦王,只好后退。秦王心里一百二十个不愿意,可他见识过蔺相如不要命的样子,也不敢拿自己的性命开玩笑,只好极不情愿地敲了一下缶。

蔺相如回头招呼赵国史官记下:"某年某月某日,秦王为赵王击缶。"这一轮较量,赵国扳回一分。

秦国大臣不服,高声道:"请你们用赵国的十五座城邑向秦王献礼。"

蔺相如微微一笑道:"请你们用秦国的咸阳向赵王献礼。"

直至酒宴结束,因为蔺相如的存在,秦国始终没占到一点便宜。秦国君臣设计的渑池会,真的只是一场酒宴了。

将相言和

蔺相如两次完胜秦王,为赵王和赵国挣足了面子,因此获封上卿,位列百官之首。战功卓著的廉颇对这样一个"坐着火箭"升官的门客很不服气,扬言要当面羞辱蔺相如。

蔺相如听说之后,便处处躲着廉颇,不愿与他正面冲突。时间一长,蔺相如的门客纷纷来找他递辞职信:"您与廉将军官位相同,还排在他前面,他口出恶言,您却怕他躲他,我们这些平庸的人都觉得很羞耻,何况您这样的将相?我们之所以投奔您,是因为仰慕您的高义。既然您害怕廉将军,那我们这些人没出息,向您告辞了。"

蔺相如没有正面回复这些门客,而是反问他们:"诸位认为廉将军和秦王相比,谁厉害?"门客回答:"廉将军不如秦王。"蔺相如解释说:"以秦王的威势,我都敢呵斥他,我还怕廉将军吗?但是我想到,强秦之所以忌惮赵国,就是因为我和廉将军。如果我们两虎相争,必不能共存,势必伤害到国家利益。我一让再让,就是先国家之急而后私仇也。"

蔺相如的这番话传到廉颇耳中,廉颇才恍然大悟。于是,追悔莫及的他脱去上衣,光着上身,背着荆条,由宾客引着来到蔺相如门前请罪。看到请罪的廉颇过来,蔺相如连忙出门迎接他,并表示自己从未放在心上。自此一文一武两位忠臣良将成了生死之交,共同守卫赵国,留下一段千古佳话。

一直以来,在民间传说和戏曲文学作品中,廉颇和蔺相如给我们的印象都是廉老蔺少。可是包括《史记》在内,史书中都没有明确记载二人的出生年代。仔细查阅《史记·廉颇蔺相如列传》,我们会发现:

赵惠文王十六年(公元前283年),廉颇拜上卿,大约这个时候,蔺相如出道。

长平之战前期赵军主将为廉颇,公元前260年夏,廉颇被赵括替代。此时,蔺相如已死。

长平之战后,廉颇还被赵孝成王启用过一次。公元前245年,廉颇受新继位的赵悼襄王的猜忌,远走魏国,后又投楚国,卒于寿春。廉颇在楚国为将时,曾说:"我思用赵人。"意思是他想指挥赵国的军队。这说明当时楚国和赵国都还没有被秦国灭亡。秦灭楚是前223年,灭赵是公元前228年,也就是说廉颇肯定死在公元前223年之前。

那么问题就来了。

从公元前283年拜上卿到转投魏国、楚国并最终客死他乡,廉颇后面的这段人生长达半个世纪,他比蔺相如也多活了30余年。如果他是以八九十岁的高龄去世,当年拜上卿时也不过是30岁上下的青年将领,甚至更年轻。有人推测蔺相如可能比廉颇年长,这个暂时不好断言。但至少我们可以确定,将相和时廉颇不是白胡子老爷爷,而是和蔺相如一样风华正茂的年轻人。

脑洞大开

蔺相如是文官当中的战斗机,气场强大,两次让不可一世的秦王束手无策。俗话说:"舍得一身剐,敢把皇帝拉下马。"蔺相如的英雄表现很容易让人联想到春秋时鲁国的将军曹沫(mèi)。

曹沫在战场上丧师失地,并不是一个称职的将军。但是在陪同鲁庄公与齐桓公在柯地会盟时,曹沫却出人意料地手持匕首胁迫齐桓公,让他归还侵占鲁国的遂邑地区。面对曹沫的突袭,齐桓公根本无法选择,只好乖乖答应归还土地。之后，曹沫扔掉匕首，大摇大摆回到自己的席位。在战场上丢掉的面子在会盟现场，曹沫全找回来了。

相比之下，蔺相如比曹沫更具有英雄气概。在钦佩蔺相如胆识的同时，我们发现这其实是他的无奈之举。秦强赵弱，赵国对秦国只有屈从的份儿。当赵王向蔺相如问计时，他并没有给出一个明确的答案，只是承诺会完璧归赵。这说明当时蔺相如心里也没底。万般无奈的情况下，他只能选择以命相搏，用玉石俱焚的决绝方式完成了使命。渑池会上，蔺相如还是如法炮制，用最直接的一命抵一命的方式逼迫秦王就范，为赵王挣回了脸面。

所以，蔺相如的故事属于非典型事例，在特定条件下可能会奏效，但并不是一条可以人人效仿的锦囊妙计。并且从实际效果来说，蔺相如只能在表面上挣得一个胜利，并不能真正地从根本上改变秦强赵弱的局面。

当然，蔺相如在外交场合的胆识以及他对同僚的忍让都展现了一个君子良好的修养和风度，所以他才赢得了后世无数粉丝。

成语典故

完璧归赵：指蔺相如把和氏璧完好无损地自秦送回赵国。比喻把原物完好无缺地归还原主。完，完好无损。璧，古代的玉器。

负荆请罪：背着荆条请罪。表示主动向人认错赔罪，请求责罚。负，背着。荆，荆条。

刷出你的存在感

近年来网络上出现一个热词叫"刷存在感",意思是说,每个人如同在打卡机上刷卡一样,希望自身得到别人的重视和社会的广泛关注。其实,不只现代人会刷存在感,古人同样也会常常要刷,还刷出了新意,刷出了水平。

毛遂自荐

战国四公子当中,赵国的平原君赵胜可能是眼光最短浅、水平最次的一位。司马迁说他是"翩翩乱世之佳公子也,然未睹大体",意思就是说赵胜是个玩世不恭的富二代,有钱有颜值却无才无德,在大是大非面前不识大体。尽管如此,平原君在赵国的诸公子中还是矮子里的将军,所以凑数跻身于战国四公子之列。公子们都喜欢养士,平原君也不例外,他家的门客有数千人之多。在这帮人

本文内容参考《史记·平原君虞卿列传》《史记·樗里子甘茂列传》《史记·滑稽列传》《汉书·东方朔传》。

当中，有可以帮平原君出谋划策的，有可以帮他冲锋陷阵的，有可以帮他处理政务的，当然也还有不少没有真才实学，纯属混在府里骗吃骗喝的。平原君财大气粗，养士最大的目的不是招揽人才，而是在天下士人面前刷存在感，显示自己招贤纳士的诚意。

时值战国后期，关东诸国屡受秦国攻击。一国有难，往往会向友国求救。长平之战后，赵国元气大伤，无法对抗秦国。这次秦国军队再度围攻赵国首都邯郸，赵王立即派平原君出使楚国，希望推举楚国为盟国盟主，订立合纵盟约，联合各国共同抗秦。

平原君领命后，召集手下的门客商议出使之事。秦国兵锋正盛，各国都不愿贸然出头，得罪强秦，所以平原君点明了这次任务的重点："假使能通过客气的谈判取得成功，那是最好。但如果谈判不成功，那也要挟持楚王在大庭广众之下明确答应我们的要求，订立合纵盟约。"因为此去任务艰巨，所以他要从门客中选出二十位文武双全之士。可是选来选去，只挑出十九人，凑不齐二十人。

这时，堂下有一人径直走到平原君面前："现在还少一个人，希望您让我充个数一起去吧。"平原君抬头一看，并不熟悉这人，一问才知道，此人叫毛遂。平原君很不高兴，觉得这个毛遂不知深浅，便故意问他："先生寄附在我门下几年了？"

毛遂回答："整整三年了。"

平原君冷笑道："有才能的贤士立于世间，如同锥子放在口袋里，锋芒立即就会显露出来。先生你在我门下三年，左右近臣从未有谁称赞推荐过你，我更是从来就没听说过你。这说明先生没有什么专长啊。先生不能去，请留下来。"

毛遂并没有生气,不慌不忙地答道:"我今天就是请求放在口袋里了。如果我早就被放在口袋里,恐怕整个锥锋都露出来了,而不只是一个尖头了。"

平原君一下子听出毛遂的气度和能量,当即决定带毛遂前往楚国。同行的十九人互相交换了一下眼色,都在暗自嘲笑这个名不见经传的毛遂。

力挫楚王

平原君一行到达楚国后立即面见楚王,可是平原君与楚王的会谈从早上一直进行到中午,还是没有结果。那十九名门客就鼓动毛遂:"毛先生请登堂。"毛遂也不推辞,手按剑柄,一路小跑登阶上堂,径直对平原君说:"谈合纵不是'利'就是'害',两句话而已。可二位从早晨一直谈到现在还决定不下来,是什么缘故?"

平原君还没答话,楚王先开口问他了:"这人是干吗的?"

平原君回复:"我的随从家臣。"

楚王当即呵斥:"还不给我下去!我跟你的主人谈判,你来干什么!"

毛遂紧握剑柄上前一步,厉声说道:"大王敢呵斥我,不过是倚仗楚国人多势众。现在我与你只有十步,十步之内大王的性命就控制在我手中!当着我主人的面,你凭什么呵斥我?楚国领土广

大,兵马众多,却被秦国三战打得丢了郢都,毁了祖庙。这样百世不解的怨仇,连赵王都感到羞耻,可大王却不以为意。我们提出订立合纵盟约是为了楚国,不是为了赵国!你为什么要当着我主人的面呵斥我?"

毛遂的一番慷慨陈词说得楚王立马改变了态度:"是,是,先生所言极是。我一定竭尽全国之力履行合纵盟约。"

毛遂连忙追问他:"这样算是确定了?"楚王点头。毛遂顺势用命令的口吻对楚王的左右侍臣说:"把鸡、狗、马的血取来!"侍臣照办。毛遂双手捧着铜盘跪着献到楚王面前:"大王应当先歃(shà)血以表确定订立合纵盟约的诚意,下一个是我的主人,再下一个是我。"就这样,在毛遂的监督下,合纵盟约顺利确定。这时,毛遂左手托着盛血的盘子,右手招呼堂下目瞪口呆的十九个门客:"各位也一块来歃血吧。你们虽然平庸,但是也算是靠别人的力量完成任务了。"

回国之后,平原君感慨万千:"我阅人无数,自认不会遗漏天下贤才,竟然把毛先生给漏掉了。此次出使楚国,使得赵国的地位比周天子的九鼎大吕还要尊贵,毛先生的三寸之舌真是强过百万雄兵啊!"

三年来默默无闻的毛遂刷了一下存在感,不仅被平原君尊为上宾,还留下了两个著名的成语:毛遂自荐、脱颖而出。

甘罗的口才

提起中国古代的少年英才,人们都会想到甘罗。那么甘罗真的是在十二岁就成为一国之相的吗?

甘罗是秦国名臣甘茂的孙子。十二岁那年,爷爷去世,甘罗便来到相国、文信侯吕不韦门下。当时,秦国觊觎赵国的河间之地,打算派张唐到燕国担任要职,以联合燕国攻打赵国,夺取赵国的河间之地。可是,这个张唐却以自己曾结怨赵国,不敢经过赵国前往燕国为由拒绝了。这让当权的相国吕不韦很为难。

甘罗见相国快快不乐,便问:"君侯缘何这般不高兴?"吕不韦回答:"我让刚成君蔡泽服务燕国三年,换来燕太子丹到我国作人质,现在我亲自请张唐到燕国为相,他竟推辞不去!"

甘罗一拍胸脯:"我有办法让他去。"

吕不韦觉得甘罗不懂事,大声呵斥:"走开!我亲自叫他,都叫不动。你一个毛孩子能有什么办法!"

甘罗一扬头:"古时项橐(tuó)七岁就能当孔子的老师。如今我都十二岁了,您何不让我去试一试,何必急着呵斥我!"一下子怼得吕不韦没话了。

甘罗见到张唐便直接问他:"您与武安君白起相比,谁的功劳大?"

张唐回答:"我当然比不了武安君。"

甘罗又问:"当年的相国、应侯范雎与现在的文信侯相比,谁的权力更大?"

张唐回答:"应侯不如文信侯的权力大。"

在进一步确认之后,甘罗接着说:"当年应侯想攻打赵国,武安君故意为难,结果武安君死在咸阳城外七里的杜邮。现在文信侯亲自请您去燕国为相,您却执意不肯,我不知您会身死何地了。"

一句话说得张唐浑身冒冷汗,赶紧让人准备车马,择日启程前往燕国。

张唐即将出发,甘罗又来找吕不韦:"请君侯替我准备五辆马车,让我先去赵国替张唐打通关节。"这回吕不韦知道这个小孩不是等闲之辈,便进宫把甘罗的请求报告给了秦王嬴政。十五岁的秦王觉得新奇,亲自召见了甘罗,派他前往赵国。

秦国使者前来，赵悼襄王不敢怠慢，亲自到郊外迎接。甘罗连问两个问题："大王听说燕太子丹到秦国做人质的事了吗？您听说张唐要到燕国任相的消息了吗？"

赵悼襄王点头。甘罗便替他分析："燕太子丹到秦国来，说明燕国不敢背叛秦国。张唐到燕国任相，说明秦国不会欺辱燕国。燕秦两国互不相欺，没有别的原因，就是想攻打赵国来扩大秦国在河间一带的领地。"赵悼襄王听后一惊。甘罗一摆手："大王莫慌。您不如先送我五座城邑来扩大秦国在河间的领地，我请求秦王送回燕太子丹，再帮助强大的赵国攻打弱小的燕国。"

赵国真的是被秦国打怕了，听到甘罗的建议，赵悼襄王立即答应割让河间五座城邑给秦国。之后，秦国送燕太子丹回国，赵国见状便有恃无恐地进攻燕国，夺得上谷地区三十座城邑，还主动将其中的十一座城邑分给秦国。

小甘罗的寥寥数语便让秦国得了十余座城邑，秦王嬴政非常高兴，封他为上卿，并将他爷爷甘茂原来的田地房宅都赐给了甘罗。这便是甘罗十二为丞相的典故。他获得的上卿一职在级别上相当于丞相，而不是他真的做了秦国的丞相。

尽管史书上关于甘罗的记载只有这唯一的一次亮相，但是他的表现让人们牢牢记住了这个聪明能干的少年。

东方朔一刷再刷

汉武帝时期的名臣东方朔本是一介布衣,他向皇帝的自荐简直就是一场行为艺术。

汉武帝即位初年,征召天下方正贤良、有文采的士人。东方朔很清楚,想要在这些上书应聘的人才当中脱颖而出,难度极大。于是他突发奇想,写了一份超级奏章——足足用了三千片木简。公车府专门派了两个人把他的这份自荐书抬进宫中,而皇帝读完这份奏章整整花了两个月时间。

这么长的自荐书究竟写了些什么呢?东方朔从出生开始说起,把自己经历的点点滴滴记流水账一样一条一条地讲给皇帝听。当然中间说到自己读书、学剑、学习兵法,简直就是通才。还说到自己长得玉树临风,相貌集孟贲、庆忌、鲍叔牙、尾生高等历代名人之大全。这一番非同凡响的描述令汉武帝对他印象深刻,便安排他在公车署中做候补官员,等待皇帝召见。

当时候补官员太多,如果按照正常程序,东方朔还是难有出头之日。于是他又动起了脑筋。他故意吓唬皇宫里几个养马的侏儒:"皇帝说你们这些人既不能种田,又不能打仗,更没有治国安邦的才华,对国家毫无益处,打算杀掉你们。你们还不赶紧去向皇帝求情!"侏儒们大为惶恐,哭着向皇帝求饶。汉武帝觉得奇怪,问明原委,便召来东方朔责问。东方朔等的就是直面皇帝的机会。他风趣地解释说:"臣这是不得已为之。侏儒身高三尺,我身高九尺,可我跟他们的俸禄一样多,总不能撑死他们而饿死小臣吧!圣上如果不愿重用我,那就干脆放我回家吧,不用再白白耗费京城的粮食了。"皇帝听完会心一笑,便让他在金马门待诏。这是学士在宫中等候皇帝召见之地,东方朔离皇帝又近了一步。此后,东方朔凭借自己的聪明才智获封常侍郎一职,最高升至太中大夫。

脑洞大开

　　毛遂、甘罗、东方朔的故事对于今天的我们仍然有借鉴意义。他们不仅有才而且有心,懂得如何在关键时刻展现自己的才华,从而实现自己的抱负。

　　毛遂有才,但是在平原君手下三年不得施展。当陪同平原君出使楚国的随从二十缺一时,毛遂紧紧地抓住了这个机会。对于毛遂来说,机遇最重要。

　　甘罗少年得志,但是他的成功是建立在忽悠赵王的基础之上,所以人们在称赞他的口才的同时,对他的诡诈也颇多微词。

　　东方朔更像是一个相声演员,他察言观色,适时埋下扣子,抖出包袱,让皇帝在哈哈大笑中接受自己、青睐自己。

　　刷存在感这种时髦的事,古已有之,而且古人比咱们刷得更为精彩,更有意思。

成语典故

毛遂自荐：毛遂，战国时赵国平原君的门客。比喻自告奋勇或自己推荐自己去做事。

脱颖而出：锥子的整个尖部透过布囊显露出来。比喻人的才能全部显示出来。颖，尖。

歃血为盟：古代盟会参加者口吸一点牲畜的血或蘸血涂在嘴唇上，以示诚意。歃，用嘴吸。

微信扫码关注领取
【随身文史博物馆】

回乡，就得风光一点

1993年中央电视台春节联欢晚会上，歌曲《回家》让很多人印象深刻："回家的感觉就在那不远的前方，古老的歌曲在唱着童年的梦想。走过的世界不管多辽阔，心中的思念还是相同的地方……"如果项羽、刘邦和韩信听到这首歌，他们大概也会发出同样的感慨：于我心有戚戚焉。

项羽盼归

公元前207年，刘邦率大军进入咸阳，秦朝灭亡。不久，项羽率兵进入咸阳，杀了秦王子婴，劫掠秦宫的财宝，焚烧咸阳宫，一通折腾之后，他领兵东去。有人劝他："关中之地，山河为屏，四方要塞，土地肥沃，可以在这里建都成就霸业。"

项羽没有直接回答人家，而是打了个比方："富贵之后不回家

本文内容参考《史记·项羽本纪》《史记·高祖本纪》《史记·淮阴侯列传》《史记·苏秦列传》。

乡,就像穿了锦袍在黑夜里行走,谁能看到你的漂亮衣服呢?"后来人们把这句话浓缩成一个成语:锦衣夜行。

五年后,项羽兵败垓下,逃到乌江边准备东渡回乡。乌江亭长好意宽慰他:"江东虽小,地方千里,人口数十万,足以称王。"不料这句"江东"戳到了项羽的痛处。当年北上抗秦的江东子弟有八千之多,如今独独项羽一人落魄回家。他的霸业到哪里去了?他的神勇到哪里去了?他拿什么去面对父老乡亲质疑的眼光?失败者项羽不能也不敢还乡了。

于是,他谢绝了乌江亭长的好意,拔剑自刎。临死还拉上老天替自己的怯懦背锅:"天要亡我,我还渡江干什么?"

回不回家乡,项羽的前提是得意与否。得意之际,自信的项羽要向江东父老展示自己的英明神武。他急于秀出自己的"肌肉",渴望获得来自乡邻的点赞与羡慕;失意之时,自负的项羽生怕乡里乡亲目睹他的旗倒兵散,他宁愿死在外面,留下一个战死沙场的光辉形象。

都说项羽有贵族气质,可是在回家问题上,暴露出的恰恰是他的见识浅薄。或者说,作为没落贵族的后代,项羽空有贵族之名,身上并无贵族之气。难怪听了他的锦衣夜行的回答,那个劝他留在关中的文人摇了摇头说:"人说楚国人像猕猴戴了人的帽子,今天看来果真如此。"先秦众多诸侯国中,地处南方的楚国以霸蛮的做派被中原各国视为不通礼法的蛮夷,因此被讥以沐猴(即猕猴)。虽然战场上的项羽所向披靡,但是他的见识还停留在欣赏和自我欣赏的初级阶段。当自己的这点小心思被别人看穿,项羽受不了了，将那个人扔进了油锅。此时的项羽不是可怕，而是可怜。

项羽一脚踢开傀儡楚怀王，自称西楚霸王，把都城定在了江东的彭城（今江苏徐州）。项羽的还乡属于霸王硬上弓，用力过猛，最终弄巧成拙，死后他的尸骨也没能回归江东。

刘邦高歌

公元前195年，平定英布之乱的汉高祖刘邦在回京途中，经停家乡沛县，在行宫大摆宴席，招待曾经的老朋友和父老乡亲。

功成名就、威震四海的刘邦举杯畅饮，一时来了兴致，敲着筑琴，唱起即兴创作的《大风歌》：

大风起兮云飞扬，威加海内兮归故乡，安得猛士兮守四方！

现场一百多名沛中儿童跟着一起高歌，刘邦激动得手舞足蹈，泪洒当场。此刻的他像一个远游归乡的孩子倾诉思乡之情："游子悲故乡。我虽然建都关中，但将来我死之后，魂魄最依恋的还是家乡。"

对父老乡亲，刘邦给出了最实惠的承诺："当年我以沛公身份起兵讨伐暴秦，如今取得了天下。我要把沛县作为我的汤沐邑，免除全县百姓的赋税徭役，并且世世代代都不必纳税服役。"当地百姓无不拍手称快。

刘邦停留家乡的十多天，沛县上下日日欢宴。启程之时，全县百姓赶到城西敬献酒肉礼物。盛情难却,刘邦命人就地搭起帐篷,继续痛饮三天。高兴之余,有当地父老叩头请求:"大王能否也免除丰邑的赋税徭役?"虽然之前丰邑百姓有过背叛刘邦的行为,但是在沛县父老的一再请求下,刘邦也免除了自己出生地丰邑的赋税徭役。

皇帝刘邦这次还乡赚足了口碑。

曾经那个不事劳作、"好酒及色"的刘家老三,如今君临天下,荣归故里。今非昔比的他没有忘本,大谈思念家乡的同时,免除了全县乡亲的赋税徭役——天大的福利。如果套用项羽的观点,

我们可以说,当天刘邦满身的锦衣华服在光天化日之下被全县乡亲看了个真真切切。刘邦的虚荣心一点不比项羽少,所以他特别满足。

这首《大风歌》便是当时刘邦内心活动的真实写照。

开国八年多,刘邦身体力行,亲征反叛,为大汉王朝的长治久安夯实基础。功夫不负有心人,天下逐步安定。《大风歌》简单三句话,前两句写的是平定天下,后一句则是渴望安宁,渴求猛士能守御四方。刘邦是感性的,他对江山社稷和故乡充满依恋;刘邦又是清醒的,他没有被眼前的歌舞升平冲昏头脑,创业成功的他已经在思考守业的课题了。

公元前195年,62岁的刘邦逝世。

汤沐邑

古人称沐浴的温水为"汤",称洗头为"沐",称洁净身体为"浴"。邑是指诸侯的封地。汤沐邑,原来是西周时供诸侯朝见天子时住宿和斋戒沐浴的封邑。后指国君、皇后、公主、贵族等收取赋税的私邑。

韩信致谢

公元前202年，汉朝建立。功臣韩信被封为楚王，建都下邳（今江苏睢宁西北）。

韩信风风光光地回到家乡，点名要会会几个老相识。

首先是曾经在河边分他饭吃的漂母。当年韩信连续多日在河边吃漂母的饭，很是感激，并承诺："我一定重重报答老人家。"老人家生气地说："一个大丈夫竟然不能养活自己，我是可怜你才给你饭吃，难道是图你报答吗？"言下之意，老太太并不看好韩信的未来。如今韩信衣锦还乡，第一个见的是漂母，并赐她千金。既是知恩图报，同时也让老人家看一看自己算不算奇男子大丈夫。

第二个见的是下乡南昌亭的亭长。当年韩信曾在他家里蹭饭多日，亭长妻子嫌弃韩信，便提前做饭端到内室去吃。韩信踩着饭点过来时，发现已经没吃的了。一怒之下，韩信跟亭长绝交了。如今韩信做了楚王，赐给亭长百钱，颇有深意地说："老兄您是个没有见识的小人物，做过好事，却有始无终。"这百钱与其说是韩信感谢亭长，不如说他是在嘲笑亭长没有眼光，失去了他这样一个如今声名显赫的朋友。

第三个见的是那个曾经羞辱自己的屠户。当年他当街给韩信出选择题：要么杀了自己，要么从自己的胯下钻过去。韩信无奈选择后者，受了胯下之辱，在淮阴无法立足，不得不离乡投军。如今韩信任命这个屠户为中尉，负责下邳城的治安工作。韩信指着这个手足无措的屠户对属下们说:"这是一名壮士。当年他侮辱我的时候,我难道不敢拔剑杀他吗?当然不是。可是杀掉他于我没有任何意义,反倒要吃官司进监狱,耽误我的大好前程。所以我忍了一时之辱,成就了今天的功业。"所有人都为韩信这番励志的豪言点赞。提拔一个屠户做中尉,当然太任性。可韩信不是要他具体做什么工作,而是要证明自己的深谋远虑,宽宏大量。

脑洞大开

  作为刷存在感的一种有效方式,衣锦还乡更多发生在曾经落魄、之后发迹的个体身上。身着锦衣的他们往往大张旗鼓,用眼前的显赫光鲜去掩盖曾经寒酸卑微的大众印象,最终在乡里乡亲面前成功变身。

  导演衣锦还乡情节的多是心机男,所以他们的还乡秀通常难得自然,表演痕迹十分明显。但是他们并不在意这些,他们看重的是自己如今的人设。当了皇帝的刘邦甚至在自己父亲面前都不忘刷一下存在感。未央宫建成时,刘邦大宴诸侯、群臣。微醺的刘邦捧着玉杯向老爹敬酒:"当初您以为我啥都不会,不能经营产业,比不上我那种地的二哥刘仲勤奋。可是现在我的产业和刘仲比,谁更大谁更多呢?"

  刘老汉当时的表情如何,《史记》中没有记载。但是后面却有这样一句话:"殿上群臣皆呼万岁,大笑为乐。"这帮原本只是负责打酱油的大臣的反应倒成了刘邦最想要的画外音。刘邦要的就是这种起哄般的吹捧——也可以看作是坐龙椅的另一种享受。

对于这些,早刘邦他们一个世纪的苏秦已经感同身受。年轻时候的苏秦穷困不堪,兄嫂弟妹私下里都讥笑他,认为他不务正业,光会耍嘴皮子,活该受穷。时过境迁,多年之后苏秦通过努力实现六国合纵,身佩六国相印。他的车队经过洛阳时,他的兄嫂弟妹也夹在欢迎的人群中。他们匍匐在地,非常恭敬地服侍苏秦用餐。高高在上的苏秦笑着问:"你们缘何对我的态度是前倨后恭?"嫂子赶紧向前爬了几步,来到苏秦近前,不敢抬头,脸贴着地面回答:"因为我看到小叔您现在地位显赫,钱财多多啊。"苏秦因此感叹:"我还是我,只是富贵了,亲戚们就敬畏我,当年贫贱时,他们却轻视我,更何况一般人呢?"

的确,混得有出息了就是为了得到别人的那份敬畏,替换当初的那份轻视,所以这帮人约定,事不宜迟,赶紧回乡。

成语典故

锦衣夜行:穿了锦衣在夜晚行路。比喻虽居高位,却不能让人看到自己的荣耀。

一饭千金:比喻受人点滴恩惠,必以厚报。

胯下之辱:从胯下钻过去的耻辱。原指韩信受辱的故事,后指难以忘记的奇耻大辱。

前倨后恭:先傲慢而后恭敬,前后态度截然不同。形容对人的态度改变。倨,傲慢,怠慢。

萧何的眼光

如果秦朝有股市，估计萧何早成股市大赢家了。因为他有眼光，会看预期，他的眼光准到能够看清一个人的未来。

50岁之前，萧何不过是沛县一个普普通通的县吏。除准时上下班、完成上司交代的工作外，他日常最主要的活动就是交朋友，结交了泗水亭长刘邦（那时他还叫刘季）、狱吏曹参、车夫夏侯婴、吹鼓手周勃、屠夫樊哙等人。别小看这帮能力参差不齐的朋友，他们可是萧何从沛县十数万乡民中仔细筛选出来的。除感情因素之外，这帮朋友更像是一个小团队，萧何隐约觉得，未来天下将有一乱，届时这支团队将会派上大用场。

每每读到《史记》这一段，我都不自觉会联想到《水浒传》中智多星吴用为智取生辰纲四处物色好汉的桥段，也许施耐庵老先生就是受了《史记·萧相国世家》的启发。

本文内容参考《史记·萧相国世家》《史记·淮阴侯列传》《史记·高祖本纪》。

认准刘邦

有一年,沛县县令的好友吕公一家为躲避仇人搬到沛县。为了巴结县令,很多人都登门道贺。作为县令的属官,萧何自然负责酒宴上接受贺礼的差事。当天客人级别较高,不满千金的都坐不进正堂。这时熟人刘邦来到门前,递上名帖:"泗水亭长刘季,贺钱一万!"

这句话惊到萧何了。他清楚自己这个熟人连一百钱都拿不出,何况一万,但是这人就敢大言不惭地报出了今天现场最大的红包数。主人吕公急忙出来迎接这位"贵客"。出于保护朋友,怕刘邦待会儿谎言被戳穿要挨打,萧何赶紧对吕公说:"这个刘季一向信口开河,您别当真。"可是这个吕公会相面,一眼相中刘邦是大富大贵的好相貌,就特别热情地引他到正堂的贵宾席坐下。刘邦也不客气,大吃大喝,大大方方,给吕公留下了极好的印象。酒席结束,吕公专门把刘邦留下,主动提出把自己的大女儿吕雉嫁给刘邦。

这件事让萧何见识了刘邦的不凡。

虽然刘邦身无分文,但他知道吕公是县里的头面人物,自己需要和他建立联系。刘邦也许更像是空手套白狼的赌徒,但是他成功了,除幸运之外,更多的是胆识——这是做大事的人必须要具备的素质。

后来,刘邦要押送徒役去骊山,朋友们都资助他盘缠。别人大多出三百钱,只有萧何出五百钱,这让刘邦非常感动。这次出差并不顺利,中途大批徒役逃逸,刘邦再次展现他天性豁达的一面,直接遣散部众,自己带着几个铁杆粉丝躲到了芒砀山中打游击。其间萧何与他互通书信。陈胜、吴广揭竿而起反秦之后,沛县县令也想率众响应。这时,萧何建议县令召回刘邦这些在外逃亡的人,共

同起事。县令先是答应，之后又反悔，最终被县中百姓杀死。于是萧何力主刘邦做沛公，开始了大汉王朝的创业之路。

发现韩信

虽然刘邦在群雄逐鹿的过程中很幸运，第一个进了咸阳，但是他的实力偏弱，无法与项羽以及其他诸侯抗衡。作为刘邦的大管家，萧何开始留意可以胜任汉军将帅的人才。

在项羽营中屡不得志的韩信跳槽来到汉营，但是负责人力资源的官员并没有发现韩信的特别之处，这个年轻人依旧被埋没在士卒当中。甚至有一次触犯军法，13个同伙都被杀，韩信大声呼救："汉王不想成就统一天下的功业吗？为什么要斩壮士？"这才引起高层注意，捡回一条命，并被任命为治粟都尉。可惜包括刘邦在内的汉军高层仍旧没有发现韩信的军事才能。

在和韩信多次交谈之后，萧何觉得自己找到了合适的人选。正当他想推荐韩信之时，韩信等不及了，跟着开小差的逃兵一起跑了。得知此事，萧何来不及向刘邦报告，拉过一匹马追出了大营。

当时汉军士气低落，每天都有不辞而别的逃兵，有人见状便向刘邦汇报："丞相萧何逃跑了。"这让刘邦一下子没了主心骨。

两天后，萧何回来了。刘邦又怒又喜："你也逃跑，为什么啊？"

萧何答："我没逃跑，我替你追逃兵去了。"

刘邦："追谁？"

萧何："韩信。"

刘邦气不打一处来："其他人跑，你不追，偏偏追这个什么韩信。忽悠我呢！"

萧何一摆手："普通的将官怎么能跟韩信相提并论，他是普天下找不出第二个的无双国士。"他接着给刘邦出了道选择题："大王是要长期在汉中称王，还是要争夺天下？"

刘邦当然回答是要东向发展，争夺天下。

萧何一拍大腿："大王要想夺天下，必须重用韩信。"

刘邦拗不住萧何："好，好，我答应你，让他做个将军。"

萧何不依不饶："做将军，韩信还是不会留下。"

刘邦："难不成还要让他做大将军？"

萧何连忙与刘邦一击掌："太好了，就按您说的办。"

刘邦无奈，只好命人召韩信来。

萧何又提要求："大王待人轻慢，所以留不住人才。既然要任命韩信做大将军，必须选择良辰吉日，亲自斋戒，设坛拜将，总得有点仪式感吧。"

刘邦已经被萧何折腾得没了脾气，一切都听他安排了。

听说汉王要拜大将军，全军上下都非常兴奋。当得知主角是韩信时，小伙伴们都惊呆了。

拜将仪式结束，刘邦询问韩信制胜之道。韩信侃侃而谈，说得刘邦心服口服——佩服韩信的才能，更拜服萧何的眼光。

此后，楚汉相争的局面彻底翻转，汉军在韩信的率领下连战连捷,最终帮助刘邦夺得天下。

自贱求生

汉王朝建立之后,刘邦以元功第一封萧何为酇(zàn)侯,拜他为丞相,允许他三项特权:见君不趋(上朝时可以不按礼仪小步快跑)、称臣不名(参见皇帝时可以不用自报家门)、剑履上殿(准许他带剑穿鞋上殿)。在外人看来,这可是一人之下、万人之上的荣耀,但萧何却对自己的处境有着极为清醒的认识:伴君如伴虎,行走朝堂如履薄冰。所以他不仅要治国理政,还得明哲保身。

萧何是举荐韩信的恩人,大功告成之时他又不得不成为杀害韩信的帮凶。当吕后找萧何商议除掉韩信的计策时,他卖了回老友的面子,拍着胸脯说瞎话,把韩信骗进长乐宫后又杀了他。韩信墓前有副对联很著名:"生死一知己,存亡两妇人。"护城河畔漂母施饭,救了韩信;未央宫里吕后施计,斩杀韩信,韩信命系两个女人。而萧何呢?当年月下追韩信,荐他为大将军,之后计赚韩信,诛他三族。知己做到这个份上,真叫人怀疑人生了。

此时萧何的人设已是小人,不仅要卑鄙害人,还要自轻自贱。九江王英布反叛,刘邦御驾亲征,多次派人回来询问相国的近况。萧何以为皇帝在检查工作,于是在朝中勤勤恳恳地安抚百姓,还把自己的家财捐给军队。这一切做得可圈可点,但他的一个门客看出了问题:"您的口碑太好绝不是好事。您元功第一,百姓爱戴,皇帝屡次问您近况,倒不是关心您,而是害怕您在关中的影响力。您得多买田地,用巧取豪夺等方式败坏自己的名声。"萧何如梦方醒,赶紧照办。刘邦得知大喜。

刘邦领兵回朝时,遇上百姓拦路上访,状告萧何低价强买百

姓田地房屋。刘邦回来高兴地问萧何："你相国就是这样造福老百姓的吗？"然后把百姓的上访材料交给萧何："你自己去向百姓谢罪吧。"

破罐子破摔的萧何一看时机成熟，便借机真的替百姓请愿："长安一带土地狭窄，而上林苑里多遗弃的空地，皇上能不能让百姓进去耕种粮食，留下禾秆作为禽兽的饲料？"一句话捅了马蜂窝。刘邦刚刚顺当的心情立马由晴转阴雨了："你自己收了奸商的钱，替他们来占用我的上林苑！"直接让人铐了萧何送交司法部门处置。幸好后来有人替萧何说情，刘邦才赦免了他的罪。

萧何光着脚去向刘邦谢恩，刘邦得了便宜又卖乖："算了！相国你为老百姓请求苑林，我不同意，我不过是个昏君，而你是贤相。我之所以拘禁你，是因为想让百姓知道我的过错。"真不知道萧何听到这话，心里是啥滋味。

脑洞大开

　　当初萧何工作出色，在泗水郡基层公务员考核中名列第一，视察的御史准备征调他去朝廷，萧何一再辞谢，才没被调走。萧何不是不想当官，他是不想当风雨飘摇的秦王朝的官，他要帮忙创建一个全新的王朝。或许此时，他的脑海中已经有了初步的规划。

　　刘邦大军进咸阳，其他人争着要金银财物，只有萧何进宫收取秦朝丞相及御史掌管的法律条文、地理图册、户籍档案等重要资料,并珍藏起来。后来楚汉相争、西汉建国,刘邦能够详尽了解天下的险关要塞、家庭人口数目、各地相关情况、民间疾苦等,全仗萧何之前做的大数据准备。

刘邦是大汉四百年基业的开创者,萧何则是全盘总策划,甚至刘邦都是被他推上宝座的。

萧何能拥立刘邦为帝,同样知道如何在皇帝手下为官。江山是老刘家的,自己只不过是一个高级打工仔,最重要的问题是自身安全,所以他低调做人,小心做事。对于老友韩信的死,他是负有责任的。可是,面对老板娘吕后,以及她背后的刘邦的步步紧逼,萧何别无选择。韩信多次触碰刘邦的底线,必死无疑。此时萧何如果单凭哥们儿意气拒绝吕后,不但救不了韩信,反倒还会连累自己。诓骗韩信之计,不是萧何在加害韩信,而是他出于无奈的自保。结合大功告成后一系列匪夷所思的自黑行为,我们不难发现,萧何其实想说:"人在官场,身不由己。"——这句话人人会说,却很少有人看透。

《道德经》里有这么一句话:"知人者智,自知者明。"这两点萧何都做到了。

成语典故

成也萧何,败也萧何:成事是因为萧何,败事也是因为萧何。指事情的成败或好坏都是由同一人或同一事物造成的。

韩信的格局

战场上的韩信招招胜算,朝堂上的韩信步步失算。

项羽的小气

韩信登坛拜将后,汉王刘邦问计于他。对于项羽的为政之道、用人之失,韩信有过一段详细的评述。说到项羽对下属的赏罚,韩信举了个非常形象的例子:"项王有勇,不过是匹夫之勇;项王有仁,可惜是妇人之仁。项王待人恭敬慈爱,言语温和,手下生病了,他会心疼流泪,还会把自己的食物分给他。但是等到有人立了战功,要加官晋爵时,项王把刻好的印信拿在手上磨掉了棱角,都舍不得给人。"

韩信敏感地发现项羽为人气量太小,计较官爵,舍不得封赏。同时,这件事从一个侧面也表明韩信同样对功名利禄极为看重。和新老板刘邦的第一次坦诚相见时,韩信的这番话似乎是有所指。

本文内容参考《史记·淮阴侯列传》《史记·高祖本纪》。

几年后项羽派人来游说已是齐王的韩信,怂恿他背叛刘邦、拥兵自立,韩信当场拒绝道:"我侍奉项王时,不过是个郎中,并且言不听计不从,我当然要跳槽。到了汉营,汉王让我做大将军,指挥数万大军。'解衣衣我,推食食我'——脱下自己的衣服给我穿,把好吃的东西给我吃。言听计从,我才有了今天的成就。我死都不会背叛汉王。"

在韩信眼里,刘邦对自己的态度与项羽判若云泥。项羽让他做执戟的保安,刘邦让他做总司令。项羽不理睬他,刘邦是"解衣衣我,推食食我"。对于打小在淮阴街头愁吃愁穿的韩信来说,刘邦的衣食瞬间打破了他的矜持。

看来,驭人有术的刘邦听懂了当初韩信批评项羽的那番话的意思。

刘邦的警告

韩信感激刘邦,但是并不敬重刘邦。

井陉之战,韩信大破赵军。生擒赵王歇之后,燕国闻风而降,韩信意气风发,直接派人向汉王刘邦报捷,同时请求立张耳为赵王,以镇抚赵国。

一个在外领兵的大将直接要求主公按自己的意思任命地方大员,显然韩信有些得意忘形了。但他又不是单纯的飘飘然,而是审

时度势,认准此时可以将刘邦一军——刘邦正被项羽大军围困在荥阳,急盼援军来救援。

不出韩信所料,刘邦很快给出回复,封张耳为赵王,同时命令张耳、韩信迅速来解荥阳之围。刘邦望眼欲穿,没能等来援兵,只能自救,从荥阳突围奔向成皋,在那里再度被围。当狼狈的刘邦逃出成皋,张耳、韩信的部队才到修武。

老谋深算的刘邦压着满腔怒火连夜赶到张耳的军营边,他悄悄住进一家客栈。次日天明,刘邦自称是汉王的使臣,骑马冲入大营,直闯韩信、张耳的卧室,两人还没起床,刘邦一把抢过他们的兵符印信,拿着令旗召集众将,当众宣布收回张耳和韩信的兵权。

众将傻了,从床上连滚带爬起来、穿衣提鞋赶到中军帐的张耳、韩信更是大为震惊,不知刘邦是从什么地方冒出来的。刘邦没有提韩信与张耳救援不力的事,而是命令张耳回去防守赵地,任命韩信为他的国相,回赵地集结剩余部队,攻打齐国。

这其实是刘邦第二次收缴韩信的兵权了。之前韩信连败魏国、代国之后,刘邦就迅速派人调走了韩信刚刚训练出的精锐部队。他看中韩信练兵带兵的能力,更警惕韩信的恃宠而骄、拥兵自重。可惜韩信并没有在意,于是这次刘邦亲自出马褫(chǐ)夺兵权,当面警告韩信。

韩信的任性

当韩信的伐齐大军正要东渡黄河,刘邦派出的说客郦食其顺利说服了齐王田广放弃抵抗,准备投降汉王。韩信当然不愿把平定齐国的大功劳让给一个只会动动嘴皮子的书生,于是下令突袭齐军,毫无防备的齐国迅速被韩信的部队击溃。齐王认为郦食其忽悠了自己,一怒之下将其烹杀。

平定齐国之际,两次被刘邦敲脑袋警告的韩信好像没长记性,又给汉王上书,请求任命一个暂时代理的齐王(假齐王)镇抚齐国。只是这次的人选不是别人,而是他自己。

韩信又一次在不合适的时间挑战了刘邦的底线。

此时刘邦又被项羽困在荥阳,又看到韩信讨封的书信,勃然大怒:"我在这儿被围困,日夜等你来救,你却想着自立为王!"

这时,身旁的张良、陈平暗中踩了踩刘邦的脚,凑近他耳语道:"目前我军形势不利,怎么能禁止韩信称王?不如立他为王,好好安抚,以免再生事端。"刘邦何等聪明,瞬间秒懂,立即改口:"大丈夫平定了诸侯,当然做真王,何必做什么假王?"

刘邦真是个好演员,咬着牙答应了韩信的要求。同时,他对韩信的厌恶又增加了几分。

韩信以为,自己即便有过分的要求,汉王刘邦也会答应。接下来,他越来越任性。

楚汉相争进入胶着状态,占领齐地的韩信俨然成为决定刘邦、项羽政治博弈胜负最关键的一股政治力量。他偏向任何一方都是战局成败决定性的砝码。于是项羽派人前往游说韩信,怂恿他拥兵自立,变楚汉相争为三足鼎立。韩信严词打发走了项羽的使者。

韩信手下的谋士蒯通觉得使者的话有道理,也来劝韩信。这时韩信感念的还是:"汉王给我的待遇很优厚,他的车子给我坐,他的衣服给我穿,他的食物给我吃。我坐人家的、吃人家的、穿人家的,就得给人家卖命!"任凭蒯通用张耳陈馀、文种范蠡各种血淋淋的教训警示他,韩信就是放不下刘邦给过他的那点儿甜头,谢绝了蒯通的建议。

垓下之战结束,刘邦第三次采取突袭方式,夺了韩信的兵权,改封他为楚王。天下太平了,那个曾经叱咤疆场的大将军变成了有名无实的王爷。

一步错，步步错

不断有举报韩信谋反的匿名信送到皇帝刘邦手上，这让刘邦痛下决心，要除之而后快。陈平献出计策：召集诸侯去云梦泽开会，借机拿下韩信。

没了兵权的韩信接到诸侯聚会的旨意，出现了选择困难症：一方面，他不满刘邦夺了他的兵权，更鄙夷刘邦的为人，他想趁机反叛；另一方面，他又感念刘邦曾经的知遇之恩，不想失去现在的王侯之位。左思右想之后，他决定当面向皇帝示好，消除双方的隔阂。

他唯一担心的是，自己可能会被当场拿下。这时有人给韩信出馊主意，让他把躲在他家的项羽部下、老友钟离昧作为立功表现交给刘邦。韩信竟然真的去跟钟离昧商量这事。钟离昧对他很失望，说："你抓我去取悦刘邦，我今天死，你随后也得死！"骂了句经典的"公非长者（你不是个忠厚的人）"后愤然自杀。

韩信提着钟离昧的头颅去见刘邦，照样被当场拿下。他想辩解，刘邦给出一个冠冕堂皇的理由："有人告你谋反。"派人绑着韩信到洛阳，然后又赦免了他，将他降为淮阴侯。刘邦这是在严重警告韩信，留他在朝中以观后效。

爵位降了，可是韩信的心气依旧很高。

有一次，他去吕后的妹夫樊哙府上做客，樊哙恭恭敬敬地跪拜送迎，口称臣子。对此韩信并不以为意，跟旁人说："我现在竟然混得与樊哙这样的人为伍了。"言语中透着对樊哙这个皇亲的不屑。何止是外戚，对皇帝，韩信照样是打心眼里瞧不起。有次刘邦向韩信问及两个人的带兵能力，韩信回答："陛下不过能带十万兵，我则是多多益善。"（这句话后来演变成成语：韩信将兵，多多益善。）心中不悦的刘邦立刻问他："那你怎么被我控制了？"韩信知道自己又说错话了，赶紧改口："陛下不善带兵，但会领导将军，所以我做了您的手下。况且您的权力是上天所授，不是人力所及。"

此后，新任巨鹿太守陈豨（xī）过府向韩信辞行。心有不甘的韩信竟然怂恿他造反："你管辖的地区是天下精兵聚集之地，如果有人再三告发你反叛，皇帝会亲自带兵围剿。我到时在京城做你的内应，天下可得。"这个陈豨是韩信的崇拜者，不假思索就接受了偶像的建议。

没过多久，陈豨果真造反。韩信派人和他联系："你只管起兵，我在这边策应你。"这话一般人听来，都会觉得是忽悠，偏偏陈豨人如其名（"豨"字在古代指的是大野猪的意思），这家伙要么智商太低，要么对偶像太实诚，真就傻乎乎地和刘邦刀兵相见，然后望眼欲穿地等着韩大将军来策应他。最终，韩信的阴谋败露，本人被骗进长乐宫处死，陈豨也兵败身死。

脑洞大开

如果说上天垂青韩信,给了他120分的军事天分,那么剩下捉襟见肘的政治天分只能让他将就了。对名利汲汲营营,过于高看自己,对形势判断错误,战神韩信最终倒在了政治斗争的刀剑丛中。

对于项羽和刘邦两个人,韩信说得非常直白:项羽小气,刘邦舍得。韩信此后一再惹怒刘邦的事情其实还是为了官爵这点事儿:替张耳讨封赵王,为自己讨封假齐王。

韩信来到汉营,的确扭转了刘邦此前的颓势,但是不代表他可以在刘邦集团里为所欲为。可是韩信过于自信,目中无人到瞧不起包括老板刘邦在内的任何同事,甚至在三次被褫夺兵权之后还觉得自己是汉营一哥。

韩信看得清战局,却看不清政局。灭齐之后,蒯通劝他拥兵自立,与楚、汉三分天下。这确实是一个恰当的时机——韩信手中有兵,这是他自立的资本,但他没有起兵。之后,他被刘邦夺权降爵,悔不当初的他开始筹划叛乱的事。时过境迁,已经无兵无权的他再提造反,简直就是搞笑,最终身死族灭。

"汉初三杰"当中,韩信的出身最卑微,幼年的贫困生活给他的人生烙上了在乎名利的深刻烙印,因此发迹后的韩信对于富贵有着报复性的追求。他在大战之际坐地起价、讨要官爵,在危急时刻卖友求荣,甚至平白无故鼓动官员造反,这些令人不齿的行为与满腹韬略、赫赫战功齐齐归到一个人的身上,充满了违和感。

司马迁将韩信的失败归咎于后来的"不伐其功,不矜其能(说他夸耀自满)"。换句话说,韩信的人生格局太小。胯下受辱也好,后来拜将封侯也好,他的本质还是淮阴街头那个不能自食其力,到处混饭吃的小青年。所以,他的见识只能是紫袍金带,而不是家国天下。

妇人之仁:妇女的仁慈心肠。形容处事优柔寡断,不识大体。

多多益善:越多越好。益,更加。善,好。

微信扫码关注领取
【随身文史博物馆】

张良的舍与得

在刘邦的汉初军功集团中,张良可能是最另类的一位,不争不抢,不党不私,甚至没有明确的官职。正是这样一份超然物外的无欲无求,让他收获了一份平安,一份圆满。

舍我

张良是标准的贵族,祖父、父亲都做过韩国的国相,但是到了张良成年之时,秦国的统一之战第一个灭掉了韩国。与其他怯懦的贵族后代不同,张良没有携带珍宝逃跑,而是散尽家财,寻找勇士——他要刺杀秦王,要报国仇家恨。

他前往东方求见沧海君,寻到一个大力士,为他打造了一柄一百二十斤重的大铁椎。当秦始皇的车队从博浪沙(现名古博浪沙)经过时,大力士从隐蔽处掷出大铁椎。很可惜,大铁椎砸中了副车,秦始皇安然无恙。勃然大怒的秦始皇命人在全国搜捕刺客,

---

本文内容参考《史记·留侯世家》《史记·高祖本纪》。

张良只得隐姓埋名躲藏了起来。张良舍弃家产,换来博浪沙的惊天一掷,文弱公子同样可以做出令天下皆知的英雄壮举。

张良逃到了下邳(pí)(今江苏睢宁)隐居。一日经过下邳桥,一位老者故意将鞋子甩到桥下,示意张良替他捡鞋。张良再次表现出没落贵族身上少见的宽容与谦卑,他不仅替老人捡鞋,还按要求跪在地上帮老人穿鞋。老人觉得他孺子可教,约他五天后的天明再见。到了那天拂晓,张良如约而至,发现老人已先到。老人显然对他的迟到不满意,丢下一句"五天后早点来"后转身走了。又过五天,张良听到鸡鸣便赶来相见,却还是比老人迟了一步了。老

人又是一句"五天后再早点来",转身离开。这一次张良半夜便在桥上等候,终于等到了老人。老人送他一部《太公兵法》。后来张良研读此书,成就了一段运筹帷幄、决胜千里的传奇。

在此期间,张良还曾仗义相助一个犯下杀人罪的义士,此人叫项伯。多年以后,项伯报答了他的大恩。

得 救

公元前209年,陈胜、吴广起兵反秦,天下响应。张良几经辗转来到沛公刘邦身边。

刘邦领兵率先进入咸阳,秦朝灭亡。面对秦宫的珍宝美女,刘邦瞬间把初心、事业全抛到了脑后。大将樊哙直言劝谏无果,关键时刻,张良开口了。他对刘邦说:"因为秦皇暴虐无道,所以您才能够来到这里。既然您为天下人铲除了暴政,就应该布衣素食,以示节俭。大军刚入咸阳,您就沉溺于享乐,那不是要走秦皇的老路吗?常言道'忠言逆耳利于行,良药苦口利于病',愿沛公听从樊哙等人的意见。"

刘邦向来尊重张良,所以听了他的建议,下令封闭秦宫带领部队撤出咸阳,驻扎灞上。

因为采纳了张良的建议,刘邦舍弃奢华,并采取一系列安民措施,约法三章,争得了民心,这为他日后经营关中,并以此为根据地与项羽争雄天下,奠定了良好的政治基础。

项羽领兵来到鸿门,准备攻打刘邦。他的叔叔、曾经被张良搭救的项伯连夜赶到灞上,通知张良,要他和自己一起离开。张良将计就计,把项伯引荐给刘邦,之后项伯和刘邦还结为儿女亲家。想要报恩的项伯成了张良安插在项羽身边的眼线,张良不仅将项羽的计划向刘邦和盘托出,并且在鸿门宴上挺身而出,救了刘邦。当年张良不经意的舍,换来今天刘邦的有惊无险。

舍　得

此后项羽恃强凌弱,自称西楚霸王,将天下分封给18个诸侯,特别将汉王刘邦分封到偏僻的巴蜀之地。张良劝刘邦暂时隐忍,并建议刘邦在大军入蜀之后,烧毁全部栈道,表明无东顾之意,以消除项羽的猜忌,同时还可防备他人的袭击。项羽果真对刘邦放松了警惕,转头北上攻打齐国。刘邦得以在汉中励精图治,积蓄力量。不久,刘邦采用韩信的计谋,绕道陈仓(今陕西宝鸡),从侧面突然发动袭击,平定三秦,夺取了关中宝地。

张良让刘邦明烧栈道,看似自绝后路,实则是迷惑对手,以空间换时间之计,实在高明!

次年,刘邦被项羽击败,逃至下邑。慌乱中刘邦问群臣:"我打算将函谷关以东的地区作为封赏,谁能够打败项羽,我就给他。"

张良进言："九江王英布是楚国猛将，与项羽有隔阂；彭越因为分封诸侯没有受封，多有不满，与齐王田荣在梁地反楚；您手下的大将中，韩信是可以托付大事的人。如果您要把关东作为赏地，就应该送给这三人，将来项羽必败。"刘邦依计派人成功联络英布、彭越。而韩信后来接连攻下魏、赵、燕、代、齐等国。最终击溃楚国的正是英布、彭越、韩信这三个得了刘邦好处的功臣。

在张良的建议下，刘邦的赏赐给了最适合的人，从而带来了巨大回报。看似刘邦割舍了关东沃土，但是他最终得到了天下。这笔买卖划算！

权　衡

西汉开国，封赏功臣。轮到张良时，尴尬了——作为谋士，他贡献的是智慧，却没有攻城略地的赫赫战功。但是刘邦知道他的价值，让张良自己从齐国选择三万户作为封邑。

张良却说："当初我在下邳起事，与主上在留县相遇，这是上天把我交给陛下。您采用我的计谋，幸而经常生效，我受封留县足矣，不敢承受三万户。"论功行赏从来都是考验人品和气量的时刻，屡建奇功的张良选择了退让，把自己的功劳说成是上天的恩赐和机缘巧合，淡化个人因素，同时选择了与刘邦相识之地留县，更是在感念刘邦的知遇之恩。与群臣争功时的斤斤计较相比，张良的谦让令刘邦格外器重他。

天下太平了,张良以体弱为由闭门不出,在家修习道引之术。他想远离政治是非,偏偏"树欲静而风不止"。

刘邦称帝后,宠幸戚夫人,爱屋及乌想立她生的赵王刘如意为太子。这下急坏了太子刘盈的母亲——皇后吕雉。有好事者建议吕后问计半隐退状态的张良。于是吕后派哥哥建成侯吕泽去胁迫张良:"您一直是皇上的谋臣,现在皇上要换太子,您能高枕无忧吗?"

张良当然不愿掺合皇帝的家事,推辞说:"当年皇上在困难危急时,用我的计策。如今天下安定,根据自己的心意更换太子,这种皇家骨肉间的事,即使一百个我这样的下属来劝说,又有何用?"不料楞头青吕泽蛮劲上来了:"您一定得给我想个点子!"

张良无奈,只好给出一计:"这件事不是劝说能管用的。我看皇上不能招来的人,天下有四个,都是老者,人称商山四皓。他们认为皇上怠慢士人,所以逃到山中,不做咱们汉朝的臣子。这让皇上反倒更加敬重这四位老者。现在您如果真能不惜金玉璧帛,由太子写封言辞谦卑的信,准备车马,让有口才的人去请商山四皓。来了以后,把他们当作贵宾。太子上朝时让他们跟着,得让皇上看见。皇上一定很惊奇,会问原因。他知道这四位是贤人,到时自然会帮太子加分。"吕泽回去如实汇报,吕后立马安排人去办,顺利请回商山四皓。

这天刘邦举行宴会,太子在边上侍奉,四个八十多岁须发皆白的老者跟在后面,刘邦便问:"他们是谁?"四人连忙上前回答:"我们就是商山四皓。"刘邦大惊:"我找你们好多年,你们都躲着我。今天怎么出来了?"四人说:"皇上轻慢士人,又喜欢骂人,我们不愿受辱,所以躲起来了。但我们听说太子为人仁孝,恭敬爱士,天下士人都争着要为他效力,所以我们也来了。"刘邦大喜:"有劳各位好好调教太子了。"宴会结束,望着四位老者的背影,刘邦对戚夫人说:"我想换太子,可有这四位老者帮助他,他的羽翼丰满了,很难再废除他了。未来吕后真的是要做你的主人了。"任凭戚夫人再哭再闹,刘邦再不提换太子的事了。显然,这是张良建议邀请商山四皓的功劳。

刘邦死后,刘盈继位,吕后残害戚夫人,吕氏专权。十五年后,周勃、陈平一帮老臣灭吕兴汉。吕氏成为祸害的源头似乎是张良的这一计。但是我们看到,张良计策的实施在当时并没有多少破坏性,也就是我们通常所说的没有损人利己。我们设身处地替张良想想,一方面,皇后叫人逼你帮着抢太子之位,你做还是不做?做,对不起良心;不做,你的饭碗没了,甚至脑袋都没了。在那么短的时间里,张良给出计策既交了差事,又保全了自己,在当时还没有损害任何一个人,这不得不让人拍手叫绝。另一方面,赵王刘如意年幼,他背后的戚夫人相比吕后,政治才能多有不及。刘如意即位对国家来说或许是更大的灾难,而刘盈背后的吕后阅历丰富,有心机有手段,在后刘邦时代对国家政策的延续和经济的发展起到了积极作用。吕后专权的危害主要是在朝廷培植吕氏子弟,这些和国家的长治久安相比显得微不足道。

脑洞大开

和官场上汲汲于名利的多数人不同，张良的人生一直在做减法。他做减法不是碌碌无为，而是在积极有为的前提下删减奢华与虚荣。没有了这些庸人自扰的负累，张良在刘邦身边才越发显得丰神俊逸。

值得一提的是，张良一直没有一个具体明确的职位。《史记》上说他是刘邦的"画策臣"。别小看这个出谋划策的编外人员，刘邦时时离不开他，事事需要向他请教——张良扮演的其实是帝王师的重要角色。

离权力中心最近，却自觉边缘化，这便是张良的舍得智慧。

韩信在陈地被刘邦擒获之时，曾感叹"天下已定，我固当烹！"但他既没有参透"飞鸟尽，良弓藏"的深意，也没有急流勇退的达观。张良比韩信活得通透，早就明白，谋国、谋天下赢的是一时，谋身赢的才是人生。

博浪沙刺秦，下邳得书，张良的人生开场充满传奇。功成名就之时，他说："愿弃人间事，欲从赤松子游耳。"如同老子出关，张良的离开亦幻亦真。以出世的心态入世，张良才是真正的高人。

成语典故

孺子可教：教,教育,造就。指年轻人有出息,可以造就。孺子,幼儿,小孩子。

运筹帷幄,决胜千里：筹,谋划;帷幄,古代军队的帐幕。指在后方决定作战方案,就能决定前方的胜利。形容将领善于谋划指挥。

忠言逆耳：诚恳正直的劝告,听起来很刺耳。逆耳,不顺耳,听不进。

良药苦口：治病的好药常常味道很苦。比喻尖锐的批评听起来不舒服,但对人有帮助。

约法三章：约定法律三条。原指刘邦进入咸阳,废除秦法之后制定的三条简单法令。后泛指共同遵守的规定。

明修栈道,暗度陈仓：比喻以明显的行动迷惑、麻痹对方,暗中采取另一种行动以达到某种目的。栈道,古代在悬崖陡壁上凿孔,用木桩支撑,铺上木板而修成的窄道。度,过。陈仓,在今陕西省宝鸡市东,古代战略要地。

叔孙通：老学究，不简单

常常有人拿秦末汉初的叔孙通和唐末五代的五朝元老冯道相提并论。他究竟是滑头官员，还是识大体、顾大局的大儒呢？

清醒的博士

叔孙通最初因为知识渊博、有文采，被秦廷征召，等候任命为博士（掌管议论政事及礼仪的官员）。没几年，陈胜、吴广农民起义爆发，消息传到朝廷，秦二世召来儒生，征求他们的意见。大多数人的意见是："陈胜等人是聚众造反，罪不容赦。陛下应该发兵攻打。"秦二世闻言脸色骤变，当场发火。

"刚才他们说得不对。"叔孙通这时走上前说，"当今天下一家，皇帝贤明，国家法令完备，百姓守法，四方归附，哪有敢造反的！这不过是一伙偷鸡摸狗的盗贼罢了，不足挂齿。郡县官员正在捉拿他们，不值得担忧。"秦二世这才转怒为喜。接着他问了一遍所有

本文内容参考《史记·刘敬叔孙通列传》。

在场的人。这帮人里有的改口说盗贼,有的还是坚持说造反。于是,仍然坚持造反观点的被捕治罪,改口说盗贼的因为首鼠两端被免职。秦二世独独赏赐了叔孙通二十匹帛、一套服装,还正式任命他为博士。

叔孙通出宫后,儒生们纷纷指责他:"你怎么能那样恶心地拍马屁!"叔孙通一声叹息:"各位不知道啊,我差点逃不出虎口!"回到家后他赶紧收拾行李,逃离了咸阳。

和那群不会变通,死死守着道义的儒生相比,叔孙通显然要聪明许多。同时,他的聪明绝不是阿谀谄媚那样浅薄。他清楚地看到,秦二世是讳疾忌医,不敢正视天下大乱的现实,所以直言造反就是公然揭皇帝的伤疤,当然会被治罪。伴君如伴虎,伴着秦二世这样的混蛋皇帝就等于抱着一颗定时炸弹。他必须言不由衷,以期保住性命。尽管得了赏赐,得了官职,叔孙通却毫不在乎这些,转身就跑路了。

见机行事

叔孙通从咸阳逃出来,回了老家薛县。薛县官员随后投降了起义的楚军,叔孙通也投靠了项梁。项梁战死定陶后,叔孙通便跟随楚怀王。项羽自封西楚霸王,尊怀王为义帝,将他迁往长沙,叔孙通见状便留下来跟了项羽。楚汉相争时,刘邦率军拿下项羽的老巢彭城，叔孙通又投降了刘邦。

在叔孙通身上，应验了那句俗话："识时务者为俊杰。"他永远跟随胜者。

叔孙通不仅看得清形势，并且特别善于观察君主的喜好。作为读书人，叔孙通一贯是宽袍大袖的儒者打扮，在大老粗刘邦眼里，他这是在装，故作清高。发现刘邦讨厌自己的装束后，叔孙通赶紧换装，找来充满楚地特色的短袄穿上，刘邦一见就笑了。在心里，叔孙通也笑了。

叔孙通投降刘邦时，后面跟着徒子徒孙一百多号人。叔孙通得了封赏，但是从没推荐过自己的学生，反而推荐那些曾经当过土匪强盗的人。对此弟子们当然很有意见，背地里骂他："我们跟先生学艺，跟着他投降汉王。他却不肯推荐我们，这是何意？"叔孙通听到流言，便把这帮学生叫来："汉王亲冒箭矢夺得天下，你们能去打仗吗？所以我要先推荐那些斩将夺旗的勇士。各位暂且等等，我不会忘记你们的。"当时，叔孙通的职位是博士。

演礼之功

公元前202年，天下一统，刘邦称帝，由叔孙通来负责拟定仪式、礼节这些事。当时刘邦觉得秦朝那些礼法很繁冗，便都给取消了，只保留了一些简单易行的规矩。结果群臣在朝堂宴会上醉酒

争功,还像当年在民间小酒馆里酗酒一样大呼小叫,甚至拔剑击柱,完全不成体统。面对这帮醉酒的大老粗,刘邦只能干瞪眼。

叔孙通见状,知道自己出头的机会到了,于是进言道:"儒生很难为陛下攻城略地,但是可以帮您守住成果。臣希望征召鲁地的儒生跟我的弟子,一起制定朝廷的仪礼。"刘邦迟疑地问道:"只怕会像过去那样烦琐吧?"叔孙通肯定地说:"各朝礼法都是按照当时的世事人情来制定的,并不重复。臣愿意糅合古代礼节和秦朝的礼仪来制定全新的礼节。"刘邦这才点头说:"可以试试,但一定要简单易学,不要为难我。"

叔孙通:老学究,不简单

于是叔孙通从鲁地征召了三十名儒生,还有皇帝周围有学问的侍从以及他的弟子百余人,在郊外拉起绳子圈出专门的施礼场所,又立上茅草代表位次尊卑,认认真真演习了一个多月。之后请刘邦来视察,现场演练获得通过。接着刘邦又命群臣来学习。

时逢长乐宫建成,一场由叔孙通导演的群臣朝拜皇帝大典之剧正式上演:天色微明之时,谒者主持礼仪,引导诸侯、文武百官鱼贯而入大殿,廷中密布战车、骑兵、步兵和侍卫,陈列着各式兵器和旗帜。谒者传呼:"趋(小步快走)。"于是所有官员各入其位,大殿下郎中官员站在台阶两侧,台阶上有数百人之多,按文东武西排列。九个礼宾官员从上而下传呼,皇帝乘坐龙辇(niǎn)从宫中出来,百官举起旗帜传呼警备,然后引导着诸侯王以下至六百石以上的各级官员依次恭敬地向皇帝施以大礼。所有官员齐齐被这一连串威严的仪式所震撼,肃然起敬。

仪式完毕,接着是酒宴。百官坐在殿上都低着头不敢出声,按照尊卑次序站起来向皇帝敬酒。斟酒九巡过后,谒者宣布宴会结束。最后是监察官员执行礼仪法规,找出那些不符合礼仪的人并带走。从朝见到宴会,全程没有一个大声喧哗、行为失当的人。

刘邦美美地吐出一句:"我今天才知道当皇帝的尊贵啊。"于是立即加封总导演叔孙通太常一职,并赏五百金。叔孙通趁机为自己的弟子和儒生们请功,刘邦便让这些人都做了郎官。叔孙通谢恩出宫,将五百金赏赐都分给了儒生们。儒生们感激地说:"叔孙先生真是圣人,能把握住形势的需要。"

原则性问题

后来，叔孙通做了太子太傅。汉高祖因为宠爱戚夫人，便打算让她生的赵王刘如意取代现任太子刘盈。叔孙通因此进谏："从前晋献公因为宠幸骊姬废掉太子，另立奚齐，导致晋国动乱几十年。秦始皇未立扶苏，使赵高阴谋诈立胡亥，二世亡国。现在太子仁孝，吕后贤德，陛下怎么可以背弃他们呢？如果一定要废嫡立幼，我宁愿先受一死。"

一看老头要寻死，刘邦便摇摇头："算了吧，我只不过是随便说说。"

叔孙通不依不饶："太子是天下的根基，怎么能说换就换呢？"

刘邦只好说："我听你的，好吧。"

之后，吕后求助张良，请来商山四皓，皇帝就再也没有更换太子的想法了。

刘邦去世后，刘盈继位，史称惠帝。他对叔孙通说："先帝陵园和宗庙的仪礼，臣子们都不熟悉。"于是叔孙通又调任太常，负责制定宗庙的仪礼法规，此后又陆续制定了汉朝的诸多礼仪。

惠帝去东边的长乐宫朝拜吕太后时，总是要开路清道，禁止人们通行，很是烦扰。于是惠帝就让人在未央宫武库的南面建了一座天桥。一天，叔孙通向皇帝汇报工作，趁机与皇帝单独聊了一下："每月初一我们都要从高帝寝庙请出高帝衣冠，用法车送往高庙以示纪念。陛下怎么能擅自把天桥建在这条通道上呢？高庙是我朝始祖所,怎么能让子孙后代在宗庙通道上面随意行走呢?"

小皇帝大惊:"那赶紧毁掉天桥吧。"

"君主不能有错误的举动。天桥已经建成,百姓都知道了,如果毁掉,就等于承认您之前的决定是错的。"叔孙通给出了解决方案,"陛下在渭水北面另建一座原样的祠庙,每月把高帝的衣冠送到那里。扩大宗庙,这就是大孝的根本之举。"于是皇帝下令另立祠庙,这便是著名的汉高祖原庙。

春天时,惠帝准备离宫出游。叔孙通建议:"古代有春天让祖先品尝鲜果的习俗,如今正是樱桃成熟的季节,希望陛下出游时,能顺便采些樱桃祭献给祖先。"皇帝点头称是。进献果品的仪礼也由此兴盛起来。

面对强势的老皇帝刘邦,叔孙通善于察言观色,寻找时机巧妙进言。而对自己的学生小皇帝刘盈,叔孙通则懂得如何面陈差错,并给出具体解决方案和补救措施。

关于叔孙通,历来评价是两极分化。司马迁称赞他审时度势,与时俱进,为大义不拘小节,最终制定礼法,成为"汉家儒宗"。而司马光则批评他"器小",够不上大儒,他所做的都是"依世、谐俗、取宠",制定礼仪不过是邀功请赏,劝谏惠帝也不过是为皇帝文过饰非。

从个体来看,身处秦汉之际,儒生叔孙通首要面临的问题是求生存。为了活命,他不得不在秦二世面前说了违心的假话,但他只是借此逃命,并没有助纣为虐。清朝的洪亮吉说:"秦之亡,亡于赵高,实亡于叔孙通一言。"这个帽子扣得实在太大了。

汉朝建国后,面对两朝天子,叔孙通辗转腾挪,虚与委蛇,推进了仪礼的制定,他的功劳是值得肯定的。叔孙通固然有他胆小油滑的一面,但是在废立太子这样的原则性问题上,他有自己的底线,甚至不惜以命相争——这是他的儒生本色。作为官僚也好,儒生也罢,叔孙通虽委曲求全但不谄媚,功利心重但不祸国殃民,所以他得以善终,我们对他也应抱有肯定的态度。

不足挂齿:挂齿,放在口头上。形容事情微不足道,不值得一提。

如何做丞相

作为帝国朝廷最高的官职,丞相位高权重,让人羡慕,却不是人人都做得了、做得好的。如何当好丞相?每一任丞相都在探索,每一位丞相都交了学费。

曹参:轻松做丞相

当年刘邦还在沛县街头浪荡时,曹参就已是县里的狱掾。沛县起事时,曹参与萧何一道主动邀刘邦主事,此后更是一路追随。这样的从龙之臣自然会被委以重任。楚汉相争之时,曹参便成为汉王刘邦的左丞相。天下平定之后,曹参被任命为齐国国相,辅佐刘邦的大儿子齐王刘肥治理齐国。

天下初定,关于如何治理齐国,有学问的读书人说法不一。曹参找到胶西一位叫盖(gě)公的高人求教。对方建议他,治国的方法贵在清静无为,让百姓各安天命。曹参于是采用黄老学说治理

本文内容参考《史记·曹相国世家》《史记·陈丞相世家》。

齐国九年,百姓安居乐业,大家都称赞他是贤相。

公元前193年,丞相萧何去世。得知消息的曹参立即叫家里的门客整理行装:"我要入朝做相国了。"不久,朝廷的使者果然前来召他。

离开齐国之际,曹参嘱咐继任的国相说:"我把齐国的治狱和管理集市这两件大事拜托给你,慎重对待,不要轻易干涉。"对方觉得奇怪:"好像有更多更重要的公务需要我关注吧?"曹参摇头:"不。监狱和集市是容纳散落在民间有一技之长的人的两大场所。诉讼宽松一些,监狱里就少些囚犯,大家就少了积怨;集市管理宽松一些,更多游民便有了容身之处,平安度日。如此,那些可能会为害一方的社会不安定因素就会减少许多。一个狱,一个市,才是我多年来最关注的两个点。"

做丞相,曹参已经很有经验了。

来到朝廷,曹参接过相位的同时,也全盘接过萧何之前所有的规章法度。他还从各郡国挑选了一批朴实木讷的吏员来做自己的属官,同时清退那些沽名钓誉之徒。自己的丞相办公班底搭建起来了,曹参却当了甩手掌柜,成天就是喝酒,并且一喝就醉。朝廷官员见状,都来劝曹参,结果反倒被他拿酒灌倒。

时间一长,年轻的汉惠帝也知道了。他便对曹参做中大夫的儿子曹窋(zhú)说:"你回家私下劝劝你父亲,身为相国不应该成天喝酒,不管国家大事。"曹窋休假时回家探望父亲,把皇帝的意思说给曹参。曹参听完大怒,打了儿子一顿:"你进宫好好侍奉皇帝去,国家大事轮不上你来教我。"

之后曹参上朝时，惠帝责备他不该打儿子，并承认是自己让曹窋劝他的。曹参赶紧脱帽谢罪："请问陛下，您与高帝谁更英明？"

惠帝答："我怎么能跟先帝比呢？"

曹参接着问："陛下看我和萧何丞相，谁更贤能？"

惠帝答："您好像不如萧何。"

曹参一拱手："陛下说得对。高祖和萧何平定天下，法令明确。如今陛下垂衣拱手，我等谨守各自职责，遵循原有法度而不随意更改，不就是最好的政治吗？"

惠帝一时语塞，只好摆摆手："好吧，您说得对，您可以回府休息了。"

喝喝酒、唱唱歌，曹参就这样做了三年太平丞相，老死在任上。人们把他的做法称为"萧规曹随"。

曹参为什么能够如此轻松地做丞相？他处在西汉建国初年，民生凋敝，百姓需要休养生息，不能瞎折腾，他十分清楚这一点。同时，他的前任萧何制定了合理周全的法令和制度，只要认真执行就可以了。于是，曹参就这样做了史上最轻松的丞相。

王陵：耿直罢相

曹参去世后，按照汉高祖刘邦的遗命，性格直率的老臣王陵被任命为右丞相，陈平被任命为左丞相。古人尚右，所以陈平是王陵的副手。

两年后，惠帝去世。执政的太后吕氏打算立吕氏宗族的人为王，先咨询了右丞相王陵。王陵当即反对："高帝有白马之盟，说得很清楚：'非刘氏而王，天下共击之。'现在如果立吕氏为王，这是违背誓约。"

太后听后很不高兴，但又无法反驳，便扭头问左丞相陈平和太尉周勃的意见。

滑头的陈平回答："高帝平定天下，封刘氏子弟为王；如今太后代行天子之职，封吕家子弟为王，没有什么不可以。"周勃也随声附和。

太后听后笑了。

散朝之后，王陵责怪陈平和周勃："你们纵容太后的私欲，迎合她的心愿，违背先帝的誓约，将来有什么脸面见他于黄泉？"

陈平拍拍王陵的肩膀说："在朝廷上据理诤谏，我们不如老兄；但是保全汉室江山，您不如我们了。"

几个月后，太后升王陵为太傅，实际上是剥夺了他的右丞相实权。王陵一怒之下称病辞职，退出了官场。

王陵因为坚持原则，所以丢了相位。面对太后的威逼，王陵守住了自己的道德底线，维护了先帝刘邦的权威，他没有辜负刘邦对他的期许。那么陈平和周勃是不是没有节操、见风使舵的佞臣呢？从后面的故事我们知道，陈、周二人对吕太后其实是虚与委蛇，等待时机。

王陵有原则，陈平、周勃有心机。

陈平让相

王陵被罢相，左丞相陈平自然升为右丞相。太后又安排她的宠臣审食其为左丞相。这个审食其没有设办公室，直接在宫里办公，所以朝廷政务的审批权实际在左丞相手中。

陈平知趣，成天不管政务，只是饮酒作乐。

此时的陈平和曹参的无为而治不同，他是在等待时机。八年后，吕太后去世，陈平、周勃合谋诛灭吕氏宗族，拥立代王刘恒为帝，他就是历史上有名的汉文帝。左丞相审食其自然被罢免了。

新君即位，功臣陈平却请了病假。汉文帝觉得奇怪，上门探望他。陈平说："先帝在位时，周勃的功劳不如我。但是诛灭吕氏时，我的功劳不如周勃。我希望把右丞相的位子让给周勃。"皇帝很感动，便任命周勃为右丞相，降陈平为左丞相。

一天朝会，汉文帝问右丞相周勃："全国一年判决的案件有多少？"周勃一听傻了，尴尬地答道："臣不知。"皇帝接着问："全国一年钱粮开支收入有多少？"周勃再度语塞，急得汗流浃背，非常窘迫。

皇帝于是问周勃旁边的左丞相陈平。陈平不慌不忙地答道："有主管的人。"皇帝追问："主管的人是谁？"陈平依旧理直气壮地说："陛下问判决案件情况，可问廷尉；问钱粮收支情况，可问治粟内史。"

皇帝不高兴了："既然各自有主管的人，那你这个丞相管

什么?"

陈平躬身谢罪:"为臣诚惶诚恐!陛下不知我才智低下,让我勉强做了丞相。丞相是做什么的呢?对上辅佐天子调理阴阳,顺应四时;对下养育万物适时生长;对外镇抚四夷和诸侯;对内爱护团结百姓,使公卿大夫各自胜任他们的职责。"

一通关于丞相职责的发言说得皇帝竖起了大拇指,连声称赞。

退朝后,周勃埋怨陈平:"你怎么不在平时教我如何回答皇帝的问话!"

陈平微微一笑:"您身居相位,还不知道丞相的职责?今天如果陛下问起长安城中盗贼的数目,您也要勉强回答吗?"

周勃自知做丞相,自己的才干远不及陈平。有人也提醒他:"您诛吕拥刘,拜相受赏,荣耀至极,时间长了可能会物极必反,灾祸上身。"周勃觉得有理,便找了个养病的理由,辞去右丞相之职。于是朝廷上只有一个陈丞相了。

陈平独自为相仅一年便去世了,皇帝又找来周勃任丞相。此前的经历证明,做丞相周勃德不配位,此番他之所以能回来,是因为皇帝看重他的老资格。周勃在丞相位子上待了一年,皇帝又来找他:"前些天我下令让列侯都去自己的封地,可有些人还赖在京城不走。丞相您是我器重的人,希望您带个头吧。"于是老干部绛侯周勃再次听从皇帝的旨意,带头辞职,离开长安去了绛县。

陈平让相,并非高风亮节,而是在审时度势后发现,自己在诛吕拥刘过程中功劳不及周勃,因此以退为进,主动让位。陈平清楚周勃是武将出身,不能胜任丞相之职。之后皇帝的现场考核中,他轻松胜出,赢回属于自己的丞相权力。

周勃是武将出身,在征战平叛方面是内行,但在治理国家方面却是外行。他对自己没有清醒的认识,在相位上尴尬地几上几下,成了一个可有可无之人。

作为百官之首,丞相的一言一行举足轻重。丞相不是谁都能做的,丞相也不是有德有才就一定能做得好的。

汉初几任丞相中,曹参的才德不算最好,但是他的上位时机很好,紧随开国贤相萧何之后。他的工作看似简单,实则精细。无为不代表不作为,而是做好守成。

丞相位高权重,需要王陵这样有德行的官员。但是他过于坚守底线,不会变通,因此很可能在政治斗争中提前"阵亡",所以他还需要一个聪明的帮手。

相比之下,陈平既有原则,更能妥协,懂得审时度势,善于补台,因此他在朝廷里游刃有余。

周勃其实并不适合丞相之位,但他是朝廷重臣,关键时刻起到了决定性作用,丞相之位更像是对他的功劳的奖赏。

正因为丞相难做,我们才越发佩服汉高祖刘邦的识人之能。临终前吕后问他未来的丞相人选,他给出了四个选项。我们知道,此后数十年的历史大事不幸全被刘邦言中。正如韩信所言,刘邦才是具有"将将之才"的杰出帝王。

成语典故

萧规曹随：曹参全盘继承萧何制定的法令政策。后用以比喻依照成规办事。萧，萧何。规，政策，法令。曹，曹参。

汗流浃背：流的汗湿透了背上的衣服。形容极端惭愧、恐惧而汗流不止的样子。也形容满身大汗。浃，湿透。

直臣不"二"

天子坐明堂,文武列两厢。在一堆明哲保身的官僚当中,总有几个敢说真话、仗义执言的耿直大臣。在同僚眼中,他们有点"二",有点傻。其实,这几个少数派的官场异类才是有胆有识的干国忠良。

袁盎:不留情面

袁盎说话总像是在噎人,直来直去,从不绕弯子。

汉文帝继位之后,丞相周勃因为平乱拥立的首功而在朝中趾高气扬,连皇帝都对他毕恭毕敬。当时还只是中郎的袁盎见状,主动劝谏皇帝,让皇帝不要再纵容周勃。

周勃得知实情后便质问袁盎:"我跟你哥哥袁哙是好朋友,现在你小子却在朝廷上毁谤我!"袁盎并不跟他解释。后来,周勃遭人诬告谋反,被捕入狱。满朝文武都不敢出来替他说句公道话,只

本文内容参考《史记·袁盎晁错列传》《史记·汲郑列传》。

有袁盎挺身而出证明周勃是被诬陷的,并尽力斡旋解救周勃。周勃出狱后,对袁盎感激涕零,将他视为知己。

一次,汉文帝从霸陵上山,准备从西边的陡坡奔驰而下。随行的袁盎骑着马,紧靠皇帝的马车,还拉着马的缰绳。皇帝问他:"你害怕了吗?"袁盎回答:"我听说家有千金的人不会靠近屋檐落坐,家有百金的人不会倚着栏杆站立,英明的君主更不会心存侥幸地去冒险。现在陛下放纵御驾的六匹马从高坡疾驰而下,如果有马匹受惊造成车辆毁坏的事故,纵然您看轻自己,又怎么对得起高祖皇帝和太后呢?"虽然袁盎说得很直白,但都是为了皇帝的安全,于是汉文帝放慢了马车的速度。

皇帝带着窦皇后和慎夫人去上林苑游玩。平常在宫中,慎夫人常常和皇帝、皇后同席而坐。这次在上林苑就坐时,袁盎在场,他特意将慎夫人的坐席往后拉了一些,跟皇帝和皇后的坐席就有了距离。慎夫人很生气,不肯就座。皇帝也气得起身回宫了。

一场愉快的游园活动似乎被袁盎扫了兴。他并不在意,而是向皇帝劝谏:"我听说尊卑有序,上下才能和睦。如今陛下有窦皇后,慎夫人不过是妾。妾如何能与主上同席而坐呢?陛下如果宠爱慎夫人,重重赏赐她就好。现在这样,您其实是在祸害她。陛下难道不记得高祖朝吕后与戚夫人的争斗了吗?"汉文帝恍然大悟,召来慎夫人,将袁盎的话向她转述了一遍,慎夫人也秒懂其意,还赐给袁盎金五十斤(当时所说的"金"为铜)表示感谢。

袁盎因为直言劝谏,最终招致皇帝厌烦,将他调往地方为官。一次袁盎从吴地回长安休假,路遇丞相申屠嘉,便下车行礼拜见,丞相只是在车上拱了拱手表示还礼。回家后,袁盎觉得不妥,便前往丞相府。过了许久,丞相才出来见他。

袁盎跪倒行礼说:"希望旁人回避,丞相单独与我沟通。"

申屠嘉冷冷地说:"如果是公事,请到官署与相关人员商议,之后我会把你的意见报上去;如果是私事,对不起,我不接受私聊。"

袁盎跪着没有起来,继续说:"请问丞相,您觉得自己与陈平、周勃这两位老丞相相比如何?"

申屠嘉答:"我比不了他们。"

袁盎等的就是这句话,又说:"好。陈平、周勃两位老丞相都是开国元勋,您只是从下级武士一步一步走到今天,并没有什么丰功伟绩。当今天子还能每天虚心听取臣子的不同意见,而您却封闭

天下之口,一天比一天愚昧。如果圣明的皇帝要来督责愚昧的丞相,您离倒霉的日子就不远了。"

申屠嘉赶紧站起身,朝袁盎深深拜了两拜说:"我是个粗鄙庸俗之人,太蠢太笨,有幸得到您的教诲。"说完毕恭毕敬地扶起袁盎,将他请入内室,奉为上宾。

七国之乱平定后,袁盎因病辞官,闲居在家。汉景帝遇到大事,还常常派人来向袁盎问计。景帝的弟弟梁孝王想成为皇位继承人,袁盎以嫡长子继承制为由表示坚决反对。梁孝王因此记恨袁盎,派出刺客行刺袁盎。刺客来到关中,得知袁盎名声极好,是个正人君子,于是放弃了行刺计划,主动去见袁盎,向袁盎说明来意,并提醒袁盎做好应对行刺的防备。

古人迷信,遇事首先想到的是问鬼神。袁盎联想近期遇到的诸多怪事,便去找术士占卜吉凶。结果回家途中就被尾随的梁国的另一名刺客刺杀。

汲黯:官见官怕

汲黯跟袁盎性格很像,眼里容不下一粒沙子,看到别人的过错就会当面指出,从不留情面。遇上与自己心性相近的人,他会亲近友善;可是遇到合不来的人,他就不待见了。所以很多人觉得他为人傲慢,不讲礼数。其实,汲黯是一个有担当、有操守、好学修德的君子。

汲黯做主爵都尉时,窦太后的弟弟武安侯田蚡任丞相。当时年俸二千石的高官见到田蚡都会行跪拜大礼,但是跋扈的田蚡从不还礼。官员当中,唯独汲黯拜见田蚡时仅仅是拱手作揖了事。

大将军卫青平步青云之时,汲黯仍旧与他行平等之礼。有人劝他要对卫青行跪拜之礼,汲黯回答:"我让大将军有了拱手行礼的客人,不是给他礼贤下士的人设加分了吗?"卫青听说后更加敬重汲黯,常常向他请教疑难之事。

淮南王刘安密谋反叛,想要拉拢朝中官员,可最令他头疼的就是汲黯:"汲黯这个人爱直言相谏,固守志节,宁为正义捐躯,谋反之事不可能诱惑得了他。至于丞相公孙弘,搞定他就像揭掉盖头、振落枯叶一样容易。"

酷吏张汤是汉武帝新提拔起来的廷尉,汲黯却不给他面子,当着皇帝的面就敢质问张汤:"你身为正卿,对上不能弘扬先帝功业,对下不能遏止天下人的邪念。安国富民,使监牢空无罪犯,这两点你都做不到。相反,错事你拼命去做,大肆破坏律令,以成就自己的所谓功名。更有甚者,你竟敢将高祖皇帝定下的规章制度乱改一气!你这样做,注定断子绝孙!"汲黯骂起张汤来,义正词严,不留一点情面。他甚至怒不可遏地指着张汤的鼻子大骂:"天下人都说绝不能让刀笔小吏身居公卿之位,现在看来果真如此。如果非依张汤之法行事,必令天下人恐惧得双足并立,不敢迈步,连眼睛也不敢直视了!"

皇帝对他又敬又怕

汉武帝在招揽文学之士和崇奉儒学的儒生时,说想要如何如何。一旁的汲黯却泼了他一瓢冷水:"陛下心里欲望太多,只在表面上施行仁义,怎么能真正仿效唐尧虞舜的政绩呢?"朝堂之上,皇帝当众被怼,气得半天不语,然后一甩袖子散朝了。满朝文武都替汲黯捏了一把汗。

皇帝回到后宫,对身边的近臣抱怨说:"太过分了,这个汲黯简直'二'到家了!"而下朝途中,大臣们也纷纷责怪汲黯说话没分寸。汲黯回答:"天子设置百官是让他们一味阿谀逢迎的吗?我身居九卿之位,纵然爱惜自己的生命,但也不能损害国家利益啊!"

汲黯的身体不好,经常请病假。有一次久病不愈,大臣庄助替他向皇帝请假。汉武帝随口问:"汲黯这个人怎么样?"庄助答:"让汲黯当官执事,没有过人之处。然而他能辅佐少年天子,坚守基业,以利诱之,他不会来,以威驱之,他不会去。即便像孟贲、夏育那样的勇士也不能撼动他的志节。"汉武帝点头:"是的。古人说的安邦保国的社稷之臣,大概就是汲黯这个样子。"

正因如此,汲黯成了汉武帝最敬畏的臣子,没有之一。丞相公孙弘有事求见,皇帝有时连帽子也不戴。大将军卫青入宫汇报工作时,皇帝更是随意到边上厕所边听他汇报。可是如果汲黯入宫,刘彻绝对不敢衣冠不整地接见他。有一次他坐在御殿的武帐中,恰逢汲黯前来奏事,没有戴帽子的刘彻竟然躲在帐内不敢出来,而是让近侍代为批准汲黯的奏议。

后来张汤、公孙弘这些人步步高升,和汲黯平起平坐了,汲黯对他们还是照骂不误。再后来,公孙弘拜相封侯,张汤官至御史大夫,都成了他的上司,汲黯非常郁闷,对皇帝抱怨说:"陛下使用群臣就像堆柴垛一样,后来的堆在上面(这句话后来被引申为成语:后来居上)。"汉武帝当时没有说话,等汲黯走了之后,他摇摇头:"看来汲黯'二'的程度又加深了。"

凤愿难酬

匈奴浑邪(yé)王率部众投降汉朝,朝廷准备征发两万车马前去接运。可是国库空虚,无钱采购马匹,只好向百姓借马。但是民间有人藏马,导致需要的两万匹马无法凑齐。汉武帝大怒,要杀办事不力的长安县令。

"长安县令无罪,只要陛下把我杀了,百姓就肯献出马匹了。"汲黯这时又是语出惊人:"匈奴人归顺天朝,朝廷可以慢慢让沿途各县准备车马有序接运,何至于让天下骚动不安,京城百姓疲于接待这些降兵降将呢?"皇帝听后沉默了。

等浑邪王率部来到长安,那些与匈奴人做生意的被查处判定死罪的商人有五百人之多。汲黯闻讯,又主动求见皇帝,劝谏道:"我们与匈奴交战多年,劳民伤财。我愚蠢地以为,陛下抓获匈奴人后,会将他们作为奴仆赏给烈士家属,以告慰天下百姓的辛劳。这一点现在即便做不到,浑邪王率几万部众来归降,也不用倾尽国库赏赐他们,征调百姓去伺候他们,把他们奉为上宾。无知的百姓哪里知道,让匈奴人购买长安城的货物,就会被死抠法律条文的官吏视为走私罪呢?"

皇帝听完脸色变得很难看,可是汲黯并不在意:"陛下纵然不能缴获匈奴人的物资来慰劳天下人,何至于还要用严苛的法令来处置五百多名无知的百姓。这种'保护树叶而损害树枝'的做法,我个人认为不可取。"

汉武帝再次沉默了,但并不赞同汲黯的说法。等汲黯走后,他再次摇头:"我很久没有听到汲黯说话了,今天他又胡说八道了。"几个月后,汲黯因为触犯小的法规被判罪,适逢大赦,他仅遭免官。

几年后,国家改铸五铢钱,楚地私铸钱币现象严重,朝廷征召汲黯为淮阳郡守,治理私铸乱象。汲黯不肯接受。于是汉武帝亲自召见他。汲黯哭着央求:"感谢陛下还能任用我。我年老多病,胜任不了郡守的工作。我希望做中郎,出入宫中,为您纠正过失,补救缺漏。"皇帝不许,说:"你看不上郡守的位子吗?过些时候我就召你回京。淮阳当地官民关系紧张,我只好借助于你的威望。既然你身体不好,那就躺在家里治理淮阳吧。"

于是汲黯前往淮阳就任,勤勤恳恳,当地政治迅速清明起来。汉武帝很满意,下诏汲黯享受诸侯国相的俸禄待遇,依旧掌管淮阳郡。七年后,汲黯病逝,回京继续做直臣的愿望终究未能实现。

做直臣首先得是忠臣。这一点皇帝都很清楚。可是为什么皇帝对直臣只是口头上的表扬,而不肯重用他们呢?

直臣的初衷很诚恳,直臣的方式很粗暴,这让皇帝如同服用苦药一样,捏着鼻子接受他们的意见。一次可以,两次也凑合,时间一长,皇帝不耐烦了。

直臣大都是有道德底线的理想主义者,他们服从内心认可的圣人言行规范。当皇帝的所作所为触碰到他们恪守的道德底线,当皇帝的利益与天下的利益发生冲突时,直臣往往会选择坚守道义。相反,祸国殃民的奸臣往往可以无条件地服从皇帝的任何意旨。这也是直臣受冷遇,奸臣常吃香的一个重要原因。

在皇帝眼中,直臣的示范意义比他们的实际才干更大。朝堂上留一个直臣跟自己唱唱反调,更能展现皇帝的贤德开明,更能吸引各类人才为国效力,更能营造政治清明的国家形象。

当然,以上情形仅限于不痛不痒的日常政务。遇到直臣叫板皇帝权威时,皇帝会毫不留情地动用权力拿下直臣,甚至除掉直臣。

做直臣,需要良知,需要勇气,也需要智慧。

后来居上：后来的超过先前的，用以称赞后起之秀超过前辈。

张骞的"西行漫记"

6440公里是多长的距离？世界第二长河、南美洲的亚马孙河的总长度大约就是6440公里。而地球的半径大约是6371公里。如果我们从古都西安出发，一路向西，途经新疆、中亚、西亚、欧洲各国，到达地中海沿岸的罗马，这条横穿欧亚的长路同样是6440公里，这便是我们耳熟能详的"丝绸之路"。令我们惊异的是，早在两千一百多年前，我们的祖先就已经打通了这样一条惊世之路！

中原王朝的烦恼

从西周开始，北方少数民族就是中原王朝棘手的难题之一。草原民族不事农耕，整日骑马打猎。遇到物资匮乏，往往南下中原抢夺。他们全民皆兵，善于骑射，来去如风，中原各国防不胜防。

战国时，燕、赵、魏、秦、齐等国就开始修筑长城。但长城再长

本文内容参考《史记·大宛列传》。

也总有空缺，匈奴骑兵照样出入自由。西汉初年，汉高祖刘邦还和匈奴打过一仗，结果差点被活捉。加之国家经济贫困，战马奇缺，此后汉朝历代皇帝对匈奴都是采取忍让的态度。等到汉武帝刘彻登上皇位，国家有钱了，有战马了，部队也训练好了，他就跟匈奴开战了。

但是汉武帝心里没底，不知道能不能在与匈奴的对决中取胜，他要找几个帮手。他想到了和匈奴有世仇的月氏人。当年月氏人生活在河套地区。大家如果看地图，中国地图腹地有一个大大的"几"字，就是黄河，河套就在这个"几"字的拐弯处。所谓"九曲黄河，唯富一套"，这个地方水草丰美，最为富庶。但是唯一的缺点

文化小常识

一带一路

一带，是丝绸之路经济带。一路，是21世纪海上丝绸之路。"一带一路"（The Belt and Road，缩写B&R）是2013年9月和10月，由中国国家主席习近平提出的建设"新丝绸之路经济带"和"21世纪海上丝绸之路"的合作倡议。这是我国借用古代丝绸之路的历史符号，高举和平发展的旗帜，积极发展与沿线国家的经济合作伙伴关系。充分依靠中国与有关国家既有的双多边机制，借助于既有的、行之有效的区域合作平台，共同打造政治互信、经济融合、文化包容的利益共同体、命运共同体和责任共同体。

就是北边紧邻匈奴,安全没有保证。匈奴曾经侵犯过月氏人,把他们的首领都给杀了。月氏人只得举国向西逃跑,一直逃到今天中亚阿富汗地区,安顿下来。汉武帝就想联合月氏人,汉军从东,月氏从西,两面夹攻匈奴。但那个时候没有电话没有微信,必须派人不远千里去联系。谁愿意做这个信使呢?

草原越狱

如果汉武帝没有发布征召使者出使西域的命令,或许张骞不过就是他身边一个普通得不能再普通的郎官。偏偏命运让张骞选择了远方。面对朝廷的布告,张骞主动报名,并幸运地被选中。

公元前138年,26岁的张骞带着向导兼翻译的匈奴人堂邑父和百余名随从,从长安出发,开始了西域之旅。也许张骞正在默念:"西域那么大,我要去看看。"可他万万没有想到,西域等待他的不是风景,而是长达十年的监禁,而他也不得不在那里上演一场草原版的越狱。

刚出陇西,倒霉的汉朝使团就遇上了匈奴人!

包括张骞等一百多人全部被抓到了单于王庭。审问时,张骞一言不发。可是一个胆小的手下把此行的任务全说出来了。得知实情后,匈奴的军臣单于大发雷霆:"你们竟敢越过我们,去跟月氏交往!"

既然中止了汉朝的计划，匈奴人就不再为难张骞一行。当然，也不可能放他们离境。曾经是大汉皇帝身边郎官的张大人不得不在匈奴的地盘上被动地进行了角色转换：在严密的看守下，做了一个牧羊人，并且一做就是十年。其间，因为表现不错，他还得到

关于丝绸之路的一些字词的发音

"丝绸之路"上有许多少数民族和国家，因为语言不同，很多字词并不是我们现在的发音，我们需要重新认识这几个名词。

北方凶悍的少数民族匈奴，他们的首领单于，念 chán yú；

秦汉时期，匈奴一个著名的首领冒顿单于，念 mò dú chán yú；

单于的夫人阏氏，念 yān zhī；

古代游牧民族月氏，念 yuè zhī，或 ròu zhī。在古代汉字中，月与肉是通假字。

西域的一个古国龟兹，念 qiū cí，这是在今天新疆的阿克苏地区；西域古国于阗，念 yú tián，这在今天新疆的和田地区；西域古国康居，念 kāng qú，在今天的吉尔吉斯共和国境内；古国身毒，念 yuān dú，这是古印度的一个国家；西域古国大宛，念 dà yuān，在今天的乌兹别克斯坦共和国境内的费尔干纳盆地。

了一个匈奴女子，两人婚后生育了两个孩子。匈奴人以为时间会让张骞渐渐忘记自己的任务，"老婆孩子热炕头"的温柔乡更会消磨张骞的意志。

他们想错了。张骞是一个有着强烈责任感和使命感的男人。他始终没有忘记自己是汉朝使节，没有忘记自己此行的任务，更没有丢掉那根代表自己身份的符节。

十年如一日。与其说张骞在草原放羊，不如说他在寻找逃跑的机会。功夫不负有心人。他终于等到了。

一次趁匈奴人放松看守，张骞和堂邑父抢了一匹马，一马双跨飞驰而去，一路向西奔向玉门关。

真的要感谢堂邑父。如果没有他，张骞根本不可能活着走到月氏。堂邑父是匈奴人，熟悉地理，才不至于在沙漠中迷失方向。此外，他的箭法极好。在草原和沙漠地带，完全仰仗他的箭术射下猎物，两个人才没有饿死。

西行数十日，张骞和堂邑父进入了大宛地界。大宛国王得知他们的任务后，派人将他们送到康居王国。康居人继续接力，将他们送到月氏。原来，西域各国对汉朝非常友好。

经历千难万险到了大月氏，得到的回答却是拒绝。时过境迁，如今月氏人在阿富汗地区安居乐业，早已乐不思蜀，根本不想找匈奴人报仇。尽管张骞晓之以理、动之以情地劝说，月氏王还是一口拒绝了张骞的请求。

悲催的回程

这次出使任务完不成了,怎么办?张骞决定进行一次特别的异域调查。他开始在大月氏和大夏国进行深入细致的调查研究。随后的一年里,张骞和堂邑父对当地风土人情、经济商贸等情况做了充分考察。之后,他们在东归途中继续对西域各国进行实地考察。这次他长了个心眼,绕道走青海的羌人地区回国。

但他的运气实在太差了:又被匈奴人抓住。在单于王庭,尴尬的张骞和老婆孩子见面了。两年前他不辞而别,孩子天天追着妈妈问:"爸爸去哪儿了?"现在爸爸灰头土脸地被抓回来了,还是接着放羊吧。

如果说世上最郁闷的事,是在另一条路上又被匈奴人抓住的话,那么最幸运的事莫过于还能再次跑路。一年后,匈奴老单于去世。为了争夺王位,匈奴高层发生内讧,张骞和堂邑父趁乱带着他的妻子和两个孩子再次出逃。史书记载,张骞和堂邑父二人最终回到长安。但是他的妻子和孩子,究竟是被匈奴追兵抓回去了,还是死在回程途中,我们不得而知。

经过十三年,张骞回到朝廷,向汉武帝报告了此行的经历。虽然没有完成预定任务,但是他交上了一份极为详细的有关西域各国的调查报告,为汉朝后来制订西域开拓计划,给出了精准的决策依据。汉武帝非常高兴,后来取"博广瞻望"之意,加封张骞为博望侯。东汉在西域屡建奇功的定远侯班超被称作"万里封侯",而张骞才是万里封侯的鼻祖。

再度西行

张骞沟通西域的同时,卫青、霍去病等人已经多次发动进攻,大败匈奴。为了乘胜追击,联络更多西域小国共同抵御匈奴,汉武帝决定再派使者出使西域。西域险恶,道阻且长,思来想去还是张骞最合适,于是皇帝下旨:老张,麻烦你再跑一趟吧。

这次西行团队多达三百人。除上万只牛羊外,还准备了最能代表汉朝特色的礼物——丝绸。有了第一次出使经历,张骞知道,在草原和沙漠行走,物资和食物奇缺,必须准备充足的水和食物。所以每人两匹马,一匹驮物资,一匹供骑乘。那么太重太大的物件是不适合带着西行的。这样看来,只有丝绸才是最合适的礼物。

这次张骞的出使顺风顺水。他前往乌孙,副使们分头去往大宛、康居、月氏、安息、身毒等国,加强了汉朝与各国的联系。而随团带去的丝绸也在各国迅速风靡起来。不久,丝绸也传到了罗马。一时间,罗马的富人和贵族以穿丝绸为时尚,使得丝绸一度比黄金还珍贵。巨大的利润驱使罗马商人开始到东方来,丝绸之路的人气越来越旺。

这次出使历时四年,回国第二年,50岁的张骞病逝。从26岁开始,张骞历经磨难,纵横捭阖,用了半生经历两次西域之旅,不仅丰富了自己的人生,也为中华民族打开了一条德被四方的人间正道。

舌尖上的丝路

我们为张骞勇闯西域的壮举点赞,同时还要感谢他带回来那么多美食:

葡萄,原产于黑海、地中海;

石榴,原产于石国(今乌兹别克斯坦共和国境内),又名安石榴;

核桃,又名胡桃,原产于欧洲东南部和亚洲西部、南部;

大蒜，原产于欧洲南部和中亚，又名胡蒜；

香菜，原产于地中海沿岸和中亚，又名胡荽；

黄瓜，原产于喜马拉雅山南麓，原名胡瓜，东晋时改名黄瓜；

芝麻，原产于非洲，后传入印度和中亚，原名胡麻；

扁豆，原产于印度；

胡萝卜，原产于亚洲西南部，后传到西域，再引入中原；

无花果，原产于波斯；

蚕豆，原产于欧洲地中海沿岸、亚洲西南部和北非，又称胡豆。

当然除美食外，还有苜蓿、骆驼、狮子、鸵鸟，龟兹的音乐、胡琴、地毯、大宛良马等许许多多当时汉朝还没有的稀罕物件。

关于张骞通西域的壮举，与他几乎同时代的史圣司马迁给了一个非常形象的描述："凿空西域。"如同在山洞里开凿出一条隧道，张骞在匈奴的眼皮底下，打通了汉朝与西域各国的联系，促进了中国与西域各国的经济文化交流。

而近代大学者梁启超先生对张骞的评价更高："坚忍磊落奇男子，世界史开幕第一人。"是的，作为探险家，张骞为汉朝探索出了一个美丽新世界；作为旅行家，张骞用自己的足迹丈量出了西域与中国的距离；作为外交家，张骞沟通西域诸国，促进中外经济文化交流，为汉朝打开了一片全新的国际局面。

尽管丝绸之路的故事贯穿自汉以降的中国古代史，但是在《二十四史》中我们根本找不到有关"丝绸之路"的相关说法。直到1877年,德国地理学家、探险家李希·霍芬在其著作《中国——亲身旅行的成果和以之为根据的研究》一书中,首次把"从公元前114年至公元127年间,中国与中亚、中国与印度间以丝绸贸易为媒介的这条西域交通道路"命名为"丝绸之路",这一名词很快被学术界和大众所接受,并正式运用。自此,丝绸之路美名四海传扬。

关于丝绸之路,我们还需要明确的是,这条起始于古代中国,连接亚洲、非洲和欧洲的古代陆上商业贸易路线,最初的作用是运输古代中国出产的丝绸、瓷器等商品,后来成为东方与西方之间在经济、政治、文化等诸多方面进行交流的主要道路。汉唐盛世之际丝绸之路繁荣,那是一个自信时代的开放与包容;宋元时期千帆竞渡,中国人打开了真正意义上的全球视野;而明清两朝故步自封,闭目塞听的教训比比皆是。两千年过去,我们沿着丝绸之路一路走来,穿越的正是一个民族的成长史。丝绸之路和海上丝绸之路的记忆就是中华民族对内自省、对外认知世界的一段漫长而又复杂的心路历程。

《丝绸之路:一部全新的世界史》的作者,英国历史学家彼得·弗兰科潘曾说:"丝绸之路曾经塑造了过去的世界,甚至塑造了当今的世界,也将塑造未来的世界。"作为和平、繁荣、开放、创新、文明之路,"一带一路"必将行稳致远,惠及天下。

卜式的特立独行

不求名不求利,卜式的君子之风不为世人理解,被官员讥为不合人情,却被皇帝树为天下楷模。卜式究竟是道德模范,还是别有所图?他缘何会有异于常人的想法和举动?

捐款的怪人

卜式是河南郡(今河南洛阳)人,父母双亡,他靠着种田养羊拉扯年幼的弟弟长大。弟兄俩要分家了,卜式把田地、房屋这些不动产全都给了弟弟,自己只带着百余只羊进山了。十余年过去,卜式的羊已经繁育到一千余只,获益的他又买田置业,过上了富足的生活。而分得大半家产的弟弟却坐吃山空,把家业败了个精光。哥哥没有坐视不管,屡屡将家产分给弟弟,帮他渡过难关。周围的人都说,卜式是个好哥哥。

当时,汉朝已经开始对匈奴发动战争。作为一介平民,卜式主

本文内容参考《史记·平准书》《汉书·公孙弘卜式倪宽传》。

动上书朝廷,表示愿意将自己的一半家产捐给国家,用作边境作战的费用。这一举动引起了汉武帝的注意。卜式被叫到长安,皇帝派使者当面与他沟通:"你是想做官吗?"

卜式回答:"小人自幼放牧,不懂官场那些事,不愿做官。"

使者又问:"那你是家中有冤屈,想要向朝廷申诉吗?"

卜式答:"我素来与人无争,乡里乡亲有生活困难的,我会资助;有不良行为的,我会教导他们;在乡里,大家都愿意与我相处,我怎么会有冤屈呢?"

使者不明白了,问道:"那你捐这么多家产,究竟是为什么呢?"

卜式淡淡地说:"天子要讨伐匈奴,我认为贤能的人应该尽忠守节,有钱的人应该缴纳财物给官府,这样才能击败匈奴。"

使者把卜式的话原原本本汇报给汉武帝。汉武帝没有立即评判,而是告诉了丞相公孙弘。公孙弘听完一摆手:"这个人的所作所说不合正常的人情。这样不守法度的怪人,不可以作为楷模,否则会扰乱正常的法纪,请陛下不要理会他。"于是,对于卜式捐资助战的义举,朝廷就这样没了下文。几年后,朝廷才想起卜式,叫他离京。卜式没有丝毫埋怨,回到家中,继续种田放牧。

牧羊与牧民

又过了一年多,一方面,在战场上汉军捷报频传,匈奴战败投降汉朝。另一方面,朝廷开支巨大,国库空虚,饱受战争之苦的贫民只得迁徙到黄河以南地区。安置百姓需要大笔经费,可是河南当地官府根本无力负担。这时,卜式又拿出二十万钱交给河南太守,用作安置费用。

河南的官员向朝廷上报富人资助贫民的材料,汉武帝看到材料上卜式这个名字有些印象,说道:"这是之前要献一半家产资助边关作战的那个人吧。"这一次,皇帝相信卜式不是沽名钓誉了,非常感动,下令赐他外徭四百人。

关于外徭四百人,这里要解释一下。汉朝百姓有戍边的义务,如果不愿去边关服徭役,则按每人每年三百钱支付相应的徭役费用,称为过更。皇帝为表彰卜式的义举,赐他外徭四百人,不是说给他四百人,而是给了他免除四百个人服徭役的权利。这可是极大的特权。当然,免除服徭役是要缴纳过更钱的,一人三百,四百人就是十二万钱——等于皇帝又给了卜式一笔专款。

可是卜式谢过皇帝之后,把这笔巨款又上交了官府。当时富豪为了逃税纷纷隐匿家产,只有卜式热衷于捐资帮助官府。汉武帝从此认定卜式是一位有德者,拜他为中郎,赐他田地、爵位,并布告天下,以他的榜样事迹教化百姓。

可卜式还是不愿做官。皇帝只好说:"我的皇家花园上林苑里养了很多羊,请你帮我放牧吧。"卜式这才答应,做了一个穿着布衣草鞋的放羊中郎。一年以后,上林苑的羊不仅个个膘肥体壮,数量还大大增加。汉武帝偶尔路过这里看到羊群非常满意。面对皇帝的夸奖,卜式说:"不只牧羊,治理百姓也是同样的道理:让他们按时起居,把不好的个体清除出去,不要让他们影响损害整个群体。"

一个放羊的竟然能由牧羊之术联想到牧民之道,汉武帝非常惊奇,决定让卜式做缑(gōu)氏令,看看他的为政能力。结果缑氏百姓都服从卜式的管理,反响极好,接着他升任成皋令,管理漕运的政绩在全国官员考评中排名第一。对于卜式,皇帝有了更深的认识:朴实忠厚。于是提拔他做齐王的太傅。

直言犯上

两年之后,南越国发生叛乱,西羌也乘机扰乱边境,情况非常危急。这时,已经是齐国丞相的卜式再次向朝廷上书:"臣听说,天子有忧虑,这是臣子的耻辱。如今南越反叛,臣父子愿与齐国调发的楼船兵卒一起战死南越疆场。"汉武帝第三次被感动了,当即发布诏令:"卜式虽然是个耕田放牧之人,却不以此求利,每有剩余就会帮助官府克服经费困难。如今天子有了危急之事,卜式自告奋勇愿意父子一同为国捐躯。虽然还没有参加战斗,但是心中的意念已经表现出来。为表彰他的精神,特赏赐他关内侯的爵位,以及金六十斤,农田十顷。"

皇帝的诏书写得慷慨激昂,没想到布告天下后,却少有人响应。上百个诸侯竟然没有一人要求从军,与羌、越作战。这让汉武帝非常失望,便用酎金之事削夺侯位,惩罚了诸侯。另外,他对卜式更加器重,拜他为御史大夫。从一个普普通通的牧羊人一步一步进入朝廷,位列三公,卜式凭借对朝廷、对皇帝的一片赤诚似乎就要完成人生的圆满了,偏偏在这个关键节点上,他和皇帝产生了分歧。

当时为了增加财政收入,缓解财政压力,汉武帝采纳桑弘羊的建议,将盐和铁的经营权收归国有,实行专卖。盐铁国有政策可以快速增加政府收入,为筹集抵御匈奴的军费起到了积极作用,但缺点也是显而易见的:政府垄断的盐铁产品,价格高,质量差,百姓又不得不购买,这些都违背了儒家提倡的"不与民争利"的原则。卜式就任御史大夫后,接到各地郡国反映的类似问题,觉得应该受到朝廷的重视,于是就向皇帝做了汇报,并建议改正。

耿直的卜式这一次不仅没有感动皇帝,反而使皇帝很不爽。因为盐铁国有化是桑弘羊提出,汉武帝亲自批准的大政方针。批评这个政策,等于就是在批评汉武帝。皇帝发现,卜式有热情、能干事,却不懂政治,这样的人并不适合做大官。第二年,汉武帝前往泰山封禅,特意让卜式操办此事。卜式是牧羊人出身,哪懂得礼仪的方方面面,整个服务工作自然做得不尽如人意。于是,皇帝以此为由调他任太子太傅的虚职。

卜式被调离,他指责的桑弘羊则升任治粟教导,兼领大农令,管理天下盐铁事务。这一年,有些地方出现旱灾,皇帝派官员四处求雨。已经退出权力中枢的卜式仍旧仗义执言:"官吏应以租税为衣食,如今桑弘羊却使官吏专职买卖货物,求得利润,导致天怒人怨久不降雨。只要烹杀桑弘羊,老天就会下雨!"此时的卜式人微言轻,不可能再引起皇帝的注意。后来雨下了,旱情缓解了,桑弘羊也没有受到惩处,继续进行他的盐铁专营事业。而年老的卜式则带着遗憾离开了人世。

卜式的生平没有被太史公司马迁单独列传,而是夹杂在《平准书》当中。这一章节主要是系统介绍汉武帝之前的富

国政策。平准法便是朝廷通过官营商业收售物资以平抑市场商品价格的一项经济措施。与所有的政策一样,平准法在一定程度上平抑了物价,限制了市场投机活动,但同时在推行过程中出现了官商勾结,囤积居奇,贱收贵卖的违背初衷的问题。卜式对此是持否定态度的。所以他在《平准书》中更像是一个批判者的角色,于诸多历史事件中见缝插针地展现了自己的人生轨迹,司马迁没有对他做相关点评。

而在班固的《汉书》当中,卜式终于有了自己的传记,尽管是与公孙弘、倪宽三人合传,不过内容与《史记》所载并无太多不同。在传记的最后,班固这样评价三人:"公孙弘、卜式、倪宽皆以鸿渐之翼困于燕爵,远迹羊豕之间,非遇其时,焉能致此位乎?"他的意思是,卜式三人本来都是普通之人,如果不是遇到朝廷用人,赶上了好时机,他们怎么会步入仕途,后来位列三公呢?在班固看来,卜式的成功还是因为运气好。

与汉朝前期诸多风云人物相比,卜式确实没有显赫的家世,也没有卓越的功绩,但是最难能可贵的是他有一颗利他之心。对弟弟、对君王、对百姓,他始终是赤诚相待。如果一次捐献家产有炒作之嫌,那么屡屡捐款就只有两种可能:要么太傻,要么太忠。从后来他的牧民如牧羊的理论和优异的地方政绩来看,他是一个有头脑、会治国的能臣。

但卜式有自己的道德底线。所以当他成为御史大夫时,他依旧仗义执言,这自然让皇帝很厌烦,于是他被边缘化了,做了有名无实的太子太傅。即便如此,卜式还是心忧百姓、心系朝廷。旱灾之际,他不顾个人安危,上书皇帝,要求烹杀政坛红人桑弘羊。且不论卜式和桑弘羊的政见究竟谁对谁错,单论冒死上书的勇气和责任感，卜式就值得我们为他点赞。

在民间，卜式是一个普通的牧羊人，但他的发达绝不只是运气好这么简单；在官场，卜式是一个不太起眼的官员，他的起落缘于耿直的性格；在历史上，卜式几乎不被大多数人知晓，可是他对国家的那份忠诚，却值得两千年后的我们好好学习。

微信扫码关注领取
【随身文史博物馆】

太史公其人：用生命写史

"成熟的人为理想卑贱地活着，不成熟的人为理想可能牺牲自己。"这句话或者类似意思的话，在微信朋友圈里的转发频率极高。这句出自美国作家塞林格的小说《麦田里的守望者》的名言，对于有些人来说，这可能是面对困难时偷懒、懈怠的借口，而对太史公司马迁来说，却是他人生的真实写照。

祖祖辈辈

如果替司马迁理一理家谱，我们可能会有一些意外发现。

据说司马家的初祖是传说中的颛（zhuān）顼（xū）时代专管天文事务（司天）的重和专管地上事务（司地）的黎。之后历经唐尧、虞舜、夏、商几朝，重和黎的后代一直都是子承父业，从事着天文、地理的专业工作。而到了周朝的宣王时期，他们家改任司马，并正式以司马为姓。后来，周王室衰微，司马家的子弟离开国都，

本文内容参考《史记·太史公自序》《报任安书》《汉书·司马迁传》。

来到晋国。再后来,子弟继续分流,分到赵、卫、秦三地。

在秦国的司马氏门中出了一位武将,名叫司马错。名字虽然叫错,可是他的眼光不错,能力也不错。公元前316年,西南的巴国和蜀国发生矛盾,都向秦国求救。秦惠文王想趁机攻蜀,但是担心路险难行,韩国会从背后偷袭。张仪力主攻韩,司马错则力主攻蜀,最终秦惠文王采纳司马错的建议,命他率军攻蜀。司马错不负重托,顺利灭蜀。此后,蜀地发生叛乱,又是司马错奉命平叛。在秦国发展史上,司马错平蜀的功绩不容忽视。

司马错的孙儿司马靳也是武将,跟随名将白起在长平之战中立了战功。紧接着又跟着白起一起被赐死。秦朝末年,天下大乱,司马氏在赵国的那一支里的司马卬(同"昂")在殷地称王,后来投降刘邦。而司马家的其他子孙在秦国做的都是不大不小的官。到了司马靳的玄孙司马喜时,用四千石粟米换了个九等的五大夫爵位,全家得以免于徭役。

司马喜的儿子司马谈博学多识,重新拾起了中断已久的祖业:史官。古代的史官并不是完全以记录历史为职业,而大都兼管天文星历和占卜这些更像是巫术的工作。司马谈在天文、《周易》、黄老道家学说等方面都颇有研究,所以汉武帝即位后,任命司马谈为太史令。

屈指行程二万

司马谈只有一个独子司马迁,良好的家庭氛围使得司马迁比同龄的孩子有更多学习的机会,十岁时他便能诵读《国语》《左传》这些古文经典作品。等到年纪稍长一些,司马迁便从老家左冯(píng)翊夏阳(今陕西韩城)来到长安父亲身边。父亲没有留他在京城好吃好喝,而是给了他一个特别的建议:游历全国。

显然,司马爸爸很懂得"读万卷书,行万里路"的深刻内涵。既然儿子天资聪颖,博闻强识(zhì),那么他希望儿子能够在读书的同时,用自己的亲身经历,去验证书本上提到的山河大地、百姓人家,设身处地去感受历史的遗迹,从而真正激活内心对于外部世界和人类自身的认知和思考——他已经在为儿子未来的著史工作铺路了。

刚满二十岁的司马迁谨遵父命,从长安出发,开始了一段穿越古今、穿越中原的历史之旅。他越过秦岭东段,经武关进入楚地,溯汉水抵洞庭,在沅水、湘水交汇之地寻访屈原的遗踪。接着顺江直下,来到九江,登上庐山。继续顺流来到会稽(今浙江绍兴),那里有大禹南巡去世的传说。这应该是司马迁此行的最南端。

之后他向北到达了吴国故地,寻访春申君的旧城。而在韩信的家乡淮阴,当地人带司马迁找到了韩信母亲极为开阔的墓地,还告诉了他"胯下之辱"的故事。再往北就是齐鲁大地了。在孔庙,司马迁流连忘返,在孟尝君的封地薛,司马迁见识到了与鲁地完全不同的剽悍民风。由彭城往西,他又来到汉朝开国元勋的家乡,听到了许多精彩的故事,还见到了樊哙的孙子。

再往西,司马迁穿越河南,一路考察古迹。在魏国旧都大梁城下,他四处打听,找到了当年老侯嬴看守的"夷门"——大梁十二座城门中的东门。之后西入函谷关,司马迁回到关中。历时近三年,行程两万多里,司马迁完成了关于历史的长征。明末思想家、历史学家顾炎武曾感叹,秦汉之际,兵马出入之途曲折变化,只有司马迁对此了如指掌,说得一清二楚。他的胸中装着天下大势,远非后代书生所能及。究其原因,别人是用笔写历史,而司马迁在动笔之前,已经用脚一步一步走过了历史。

父亲的遗愿

回到长安不久,司马迁被朝廷召为郎中。这个郎中不是医生,而是皇帝身边的侍从官员。平常守卫宫城,皇帝出巡时充当随从车骑。

公元前111年,司马迁奉皇命出使西南,前往巴、蜀以南筹划新郡的建设之事。随后又抚定了邛(qióng)、筰(zé)、昆明。此行为后来《史记·西南夷列传》的撰写提供了大量翔实信息。

次年初,当司马迁回到关中时,皇帝已经前往泰山举行"封禅"大典了。司马迁奉命立即出发,追赶皇帝一行。但是刚到周南（洛阳附近），他就遇到身为太史令的父亲。原来年迈的司马谈身染重病，无法完成随行任务，留了下来。去泰山封禅是当时最为隆重的国家典礼。司马谈当然不愿错过，可偏偏自己来日无多。当看到司马迁时，他握着儿子的手老泪纵横："现在天子接千岁之统，封禅泰山，而我不能随行参加，这是命啊！这是我的命啊！"不能前往泰山，亲眼见到封禅盛典，是老人晚年的一大憾事。但在他心里还有一件大事，如果不能完成，他一定会死不瞑目。

司马谈对司马迁说，司马氏的祖先是周朝的太史，中间有过衰落。到他这一辈，终于把祖先的事业又继承下来了。所以，他希望儿子也能继续史官的事业。可是说到历史，孔子改编的鲁国史记《春秋》只写到周天子"西狩获麟（公元前481年）"。孔子去世之后，再无人记载天下大事，一直到现在已经四百余年了，历史出现了大大的空白。作为史官，他实在心有不甘。他必须把中断的历史记录接续下去。但是他心有余而力不足，只能寄希望于儿子了。

司马迁跪在床前，向父亲发誓："我虽不聪敏，请容许我把先人整理过的历史旧闻，完整地书写出来，决不敢稍有缺漏。"

父亲闭上了双眼，司马迁挑起了重担。

李陵之祸

公元前108年，守孝期满的司马迁被任命为太史令。他开始着手整理史料,整整准备了四年。不,从二十岁行走中原开始,他就已经在准备了。公元前104年,已经准备了二十四年的司马迁正式开始撰写《史记》。

司马迁做郎中时,他的顶头上司郎中令叫李敢——名将李广之子。他的一位同事、建章监侍中叫李陵——李广之孙、李敢之侄。与李家叔侄同事的几年,司马迁目睹了他们一家的遭遇:老将李广负气自杀,李敢寻机殴打卫青,霍去病射杀李敢。对于李氏一门,司马迁敬重他们的忠义,同情他们的遭遇,更珍视与他们的情谊。

如今,司马迁做了太史令,李陵则领兵征战大漠。公元前99年,因为统帅部的不当部署,李陵所部五千步兵在浚稽山遭遇八万匈奴骑兵。李陵率部拼尽全力,战至弹尽粮绝,仅有三四百人逃回汉朝,他本人力竭被俘。战败的消息传回长安,连皇帝带大臣都盼着李陵战死沙场,然后由他们树立一个忠臣的榜样,以此弱化战败的不良影响。可传来的消息是"李陵投降了"。于是汉武帝愤怒了。满朝的官僚都在猜测皇帝的心思,小心翼翼地给李陵添加各种罪名。

只有司马迁老老实实地说了句公道话:"李陵有国士之风。虽然投降了,但却是无奈之举。看他的意图,是想等待时机报答天子。并且,他以五千步兵力敌八万骑兵的战绩,也足以向天下表明忠心报国的心迹了。"

司马迁没有想到,自己的实话戳到了皇帝的痛处。此次出征的统帅是宠妃李夫人的哥哥李广利。李广利率领主力大败而归,扔下李陵拼到极限,只欠一死。皇帝是想借批判李陵来掩盖国舅

李广利的无能。偏偏司马迁还在揪着李陵的战绩来辩护。皇帝一生气,后果很严重——司马迁被下狱,罪名是"诬罔",即欺君之罪。

第二年,匈奴那边传来一条并不确切的消息,说是李陵在替匈奴训练军队,对付汉军。尽管后来证实消息有误,可当时汉武帝并未核实就直接下令处死了李陵的母亲、妻子和兄弟。而替李陵鸣冤的司马迁也被定了死罪。

生死之际,司马迁面前有三个选择:第一个,直接被腰斩;第二个,用五十万钱罪减一等,免除死罪;第三个,接受腐刑代替死罪。司马迁当然不想就这样死了,可是活下来的代价要多大啊!他只是一个官龄十年的太史令,年俸六百石(实际支取八百四十石),十年下来就是八千四百石,折合当时的市价,司马迁十年的工资总收入大约是一百万零八千钱。而死刑赎金五十万钱相当于他这十年俸禄的一半。太史本就是清水衙门,司马迁为人正直,更没有其他灰色收入。除去日常居家用度,他根本不可能余下五十万钱。并且自下狱以来,亲朋好友唯恐避之不及,更别提借钱了。剩下只有一条路了:接受腐刑换回性命。

所谓"士可杀不可辱",没有人愿意接受阉割身体这样的酷刑。但是经过艰难抉择,司马迁还是选择了腐刑。因为他答应父亲的著史事业还没有完成!

太史公遗书

公元前96年,司马迁出狱。怒气平息的汉武帝还给了他一个更高的职位:中书令。这个中书令不是隋唐时期的相当于宰相的中书令,而是可以出入皇宫的宦官。汉武帝还是看中司马迁的才学,让他来做自己的贴身秘书。但是这些对于经历过了生死大难的司马迁来说都是浮云了。如今的他只有一个信念:发愤写作,早日完成《史记》。

公元前91年,巫蛊之祸爆发。太子刘据被逼起兵,汉武帝派兵镇压。司马迁的好友任安身为北军使者护军,在叛乱中接受了太子要他发兵的命令,但却按兵未动。事后,汉武帝追查此事,认定任安"怀有二心",要将他腰斩。身陷囹圄的任安给司马迁写信,请求设法援救。

面对任安的求救,司马迁非常清楚,老朋友这次死定了。不是自己不肯相救,而是面对这样一个近乎疯狂的暴君,小人物的求生举动只能是徒劳。联想八年前自己遭遇的那场飞来横祸,以及由此彻底改变的人生,司马迁思绪万千,提笔在手,给任安写了回信,这便是著名的《报任安书》(任安字少卿,故这封信又名《报任少卿书》)。关于为什么要接受腐刑,关于为什么要写完《史记》,关于自己的一生……司马迁一一解答。

任安觉得自己冤枉,司马迁告诉他,在前线拼死杀敌、被迫投降的李陵落得全家被杀,连替他说句公道话的自己也受到牵连,李陵冤不冤？自己冤不冤？司马迁在信中连用两个"尚何言哉（还有什么可说的呢）！"吐出了自己多年的愤懑。

既然对于冤屈无话可说，那司马迁为什么没有悲壮地死，而是选择苟且地生呢？因为"人固有一死，或重于泰山，或轻于鸿毛，用之所趋异也"。司马迁忍辱偷生，只为那本没有完成的《史记》。而此时——写信之时，这本历经十四年风雨坎坷的书已经完工，因此他自豪地向老友汇报：此书"凡百三十篇，亦欲以究天人之际，通古今之变，成一家之言"。能在一本书中探究天道与人事的关系，贯通古今的历史变化，并自成一家体系，这是何等了不起的著作，何等了不起的作者！

多年郁积的委屈、耻辱终于可以有个交代了！两千多年后的我们隔着文字仍然能感受到司马迁的快意与决绝。因为这个不平的世道，自己八年前就已经被判处了死刑。为了父亲的遗愿、也是自己的心愿，司马迁身残处秽、隐忍至今。既然书稿已成，那么"要之死日，然后是非乃定！"所有的是非、所有的功过，都将以死来澄清。换句话说，司马迁生无所恋了。所有的史实已经记录，所有的观点已经表达，所有的苦痛已经经历，他将直面死亡。其实，《报任安书》是他的遗书。

《史记》不朽

任安没能躲过灾祸,身首异处。而此后司马迁也仿佛人间蒸发。《汉书·司马迁传》里关于他的去世同样语焉不详。翻阅《史记》中关于汉初几位皇帝的传记,我们不禁为司马迁捏了一把汗。他秉笔直书,极言几位皇帝的过失,甚至对汉武帝的穷奢极侈、好大喜功,他照样用春秋笔法进行了巧妙地讽刺。我们不知道司马迁究竟是怎样去世的,但是可以想见,他的死与《史记》有关。

人死事小,可是《史记》不能被损毁。所以,在《报任安书》中司马迁明确表示:"仆诚已著此书,藏之名山,传之其人,通邑大都。"他希望此书写成以后,藏于名山,将来在合适的时候传给志同道合之人,让这本书在通都大邑之间流传。

太史公去世了,他还有子女。儿子的身世不详,女儿嫁给了一个叫杨敞的人,杨敞后来做到大司农的职位。杨敞的小儿子杨恽读到了母亲珍藏的外祖父的这部心血之作,爱不释手,每每读来都是热泪盈眶,扼腕叹息。等到杨恽成人,被封平通侯。此时已是汉宣帝当政,政治相对清明,于是杨恽将《史记》献给宣帝,这部巨著终于在太史公去世二十多年后,公之于世。

脑洞大开

众所周知,中国古代的"二十四史"以"前四史"为佳,而"前四史"又以《史记》为最佳。作为深刻影响后世史学、文学发展的巨作,《史记》是研究中国历史无法绕开的一面旗帜。

《史记》之所以不朽,是因为赋予其灵魂的作者司马迁。套用当下流行的话,太史公是用生命在写作。因为他的史官家世,《史记》才有厚度;因为他的中原游历,《史记》才有深度;因为他的无妄之灾,《史记》才有温度。抗争的喉咙唱不出虚伪,呐喊出"史家之绝唱";不屈的信念拒绝妥协,写出"无韵之离骚"。

当代美国著名汉学家Jonathan D. Spence以研究明清史著称,他的中文名叫史景迁。他解释说,自己的姓Spence可以音译为"史",正好就是自己的专业,而景迁的意思是景仰司马迁。他认为中国古代开创性的史家非司马迁莫属,《史记》是后世史家撰写正史的样板,并且司马迁的人格值得我们景仰,所以他为自己起了中文名"史景迁",是致敬,也是鞭策。

成语典故

天人之际：指天道与人事之间的关系。际，交际，关系。

一家之言：指独到的见解、自成体系的观点学说。

重于泰山：比泰山还要重。常用来比喻意义重大，价值崇高。

轻于鸿毛：比大雁的毛还轻。形容价值极轻或毫无价值。鸿毛，大雁的毛。

藏之名山：把著作藏在名山中，传给志同道合的人。古人以著作不便问世因而藏在山中，以待后人发现。

主要历史人物档案

管仲(约前723-前645),姬姓,管氏,名夷吾,字仲,后世尊称其"管子"。中国古代著名经济学家、哲学家、政治家、军事家,春秋时期法家代表人物。年轻时他做过很多工作,可是做啥啥不行,后来绕了一大圈才遇上齐桓公,他这才发现,自己最擅长的是辅佐明主称霸诸侯。

鲍叔牙(生卒年不详),姒姓,鲍氏,春秋时期齐国大夫。他结交了一个好朋友管仲,他辅佐了一位公子姜小白,当他将管仲介绍给姜小白,齐国成了强国,姜小白成了春秋首霸,管仲成了千古名相。

商鞅(约前390-前338),姬姓,公孙氏,名鞅,因赐封商地,号为商君,又称商鞅,卫国人。战国时期政治家、改革家、思想家,法家代表人物。他辅佐秦孝公,积极实行变法,使秦国真正走向富强,自己却因此得罪秦国权贵,被处车裂之刑。他是典型的谋国不谋身。

孔子(前551-前479),子姓,孔氏,名丘,字仲尼,鲁国陬邑人,中国古代思想家、教育家,儒家学派创始人。他是中国传统文化的标志性人物,在影响世界历史的100位名人中,他排名第五,他和他开创的儒家思想对中国和世界都有深远影响。

范蠡(生卒年不详),字少伯,曾改名鸱夷子皮、陶朱公,楚国人。春秋末期政治家、军事家、经济学家和道家学者。他的经历很曲折,他的态度很淡定,他的思想很开放,他的人生很圆满。

孟尝君(生卒年不详),妫姓,田氏,名文,战国时期齐国贵族,因其父封爵于薛,又称薛公,谥号孟尝君,战国四公子之一。他本人很平常,唯一的爱好是收养门客,所以他的故事里,出彩的全是那些门客。

蔺相如(生卒年不详),战国时期赵国著名政治家、外交家。他的履历表上一共是三个成语:完璧归赵、渑池之会、将相和。

萧何(?-前193),汉朝首位丞相,政治家,"汉初三杰"之一。他识得刘邦的英雄气,主动结交;他辨得刘邦的天子气,不离不弃,建立汉朝;他懂得刘邦的帝王心,小心翼翼,鞠躬尽瘁。

张良(?-前189或前190),字子房,韩国贵族,汉初杰出谋臣,与韩信、萧何并称为"汉初三杰",古代帝王师的代表人物。以出世的心态入世,但行好事,不问前程,于是汉初功臣集团中,只有他无难无灾,功成身退。

叔孙通(生卒年不详),一个"书呆子"历经几朝不倒,见机行事,巧妙推行自己的儒家礼法和主张,绝不是一个腐儒。司马迁尊其为汉家儒宗。

曹参(?－前190),字敬伯,西汉开国功臣、政治家。所谓"萧规曹随,休养生息",他是历史上工作最轻松的丞相,也是见识最开明的丞相。

陈平(?－前178),西汉开国功臣,刘邦手下重要谋臣。他很精明,也很世故,他能审时度势,更会见风使舵。作为汉高祖身边最著名的两位智囊,张良是高人,陈平是俗人。

袁盎(?－前148),字丝,西汉名臣。有胆识,有才干,有个性,有原则。吴楚七国之乱时,他力主斩晁错。汉景帝要立梁孝王刘武为储君,他坚决反对,遭梁孝王忌恨,被刺杀。

汲黯(?－前112),字长孺,西汉名臣。为人耿直,见谁怼谁,连汉武帝都怕他三分,称他是"社稷之臣"。

张骞(?－前114),字子文,汉朝杰出的外交家、旅行家、探险家,丝绸之路的开拓者。奉汉武帝之命,19年间两次出使西域,历经艰难打通了汉朝通往西域的"丝绸之路",被后世誉为"丝绸之路的开拓者""第一个睁开眼睛看世界的中国人"。

卜式(生卒年不详),西汉时期官员。他很像道德模范,硬被拉进朝堂,结果格格不入,成了官场异类。

司马迁(前145或前135—?),字子长,西汉史学家、散文家。他为秉笔著史而生,他因仗义执言获罪。他穷尽一生完成的中国第一部纪传体通史《史记》(原名《太史公书》),树立了中国史书的典范,《史记》被鲁迅誉为"史家之绝唱,无韵之离骚"。他也被后世尊称为史迁、太史公、史圣。

后 记

明末文人张岱曾说过一个著名的段子：长夜漫漫，南方的一艘航船上，一个书生正天上一头、地上一脚地神吹海侃。周遭的旅客横七竖八，有的在打瞌睡，有的在发呆，还有的貌似在倾听。书生很陶醉，一旁缩手缩脚躺着的僧人忍不住了："请问相公，您刚才提到的澹台灭明是一个人，还是两个人？"

书生眨了眨眼睛，又瞅了瞅衣着朴素的僧人，故作镇定："是两个人。"

"哦——"僧人若有所思，"那再请问，您说的这尧舜是一个人还是两个人？"

书生咽了口唾沫，翻了一个白眼："自然是一个人。"

僧人恹恹欲睡的眼睛闪过一丝亮光，他翻身坐起，张臂蹬腿伸了个大大的懒腰："这样说来，小僧可要伸伸脚，与你说道说道了。"

如果认真读过《史记》，也许这个书生就不会如此尴尬了。《史记·仲尼弟子列传》中明确记载，澹台灭明复姓澹台，是孔门七十二贤之一。因为长相丑陋，一开始并不被孔子看好。后来，他行事正派，收徒三百，在南方各国影响深远。孔子听说后，还为自己当初的以貌取人而感到后悔。

至于尧舜，自不必说，当然是上古的贤君唐尧、虞舜。

因为读书不求甚解，自以为是的书生竟然在区区一艘夜航船上"翻船"了。

看来,读书不难,可是读懂、读透不易。

当初出版社的编辑跟我约稿,聊起要做《史记》导读系列的创意时,我们便总结出了几条读史心得。

读史要细心。《项羽本纪》脍炙人口,太史公司马迁是如何让西楚霸王的形象深入人心的?在跌宕起伏的故事里,我们看到项羽很容易被激怒。司马迁先后七次写项羽怒或大怒。聪明的你注意到了吗?

读史要多思。对比阅读《赵世家》《晋世家》,我们发现"赵氏孤儿"的事件和人物前后矛盾,语焉不详,真的就是一个故事。那么太史公缘何要将这个虚构的故事放进严谨的《史记》呢?也许我们应该从道德层面来寻找答案。

读史要有侦探的缜密思维。赵国长平惨败的"黑锅"确定就要由赵括背吗?如果赵国不换将,还是由廉颇坐镇,战局能扭转吗?综合研读《秦本纪》《赵世家》《白起王翦列传》和《廉颇蔺相如列传》,你会有新的收获。

读史还要有探险家的好奇。倡导胡服骑射的赵武灵王和千古一帝秦始皇嬴政都死于沙丘。这只是巧合吗?对照阅读《赵世家》和《秦本纪》,我们发现继承人选择难题才是终结二人的致命一刀。可他们缘何躲不过这道死结?

通俗点说,读史是要开动脑筋的。面对史书,检索你的个人知识资料库,激活你的想象力,然后尽你所能进行联想,补充更多有创意、有个性、有见地的新鲜内容,于是穿越三千年时空隧道的你看到了旁人未见的吉光片羽。

感谢安徽少年儿童出版社的各位编辑老师,感谢你们慧眼识珠,让我的文字有了如此精彩的呈现。

感谢我的家人,你们是我日常创作的加油站。

更要感谢曾经与我交流、给我指导的老师、朋友和广大读者,是你们让我的知识盲区越来越少。

毛泽东在《贺新郎·读史》里感慨:"一篇读罢头飞雪,但记得斑斑点点,几行陈迹。"与大家一同读罢《史记》,我倒想起他的另一首词作《清平乐·会昌》:"踏遍青山人未老,风景这边独好。"

是以为后记。

朱首彦

2021 年 6 月 23 日

微信扫码关注领取
【随身文史博物馆】